Petits Classiques
LAROUSSE

Collection fondée par Félix Guirand,
Agrégé des Lettres

Qu'est-ce que les Lumières ?

Kant

Traité de philosophie politique

Édition présentée,
annotée et commentée
par Anne-Laure ROMEUR,
professeur de philosophie

Direction de la collection : Carine GIRAC-MARINIER
Direction éditoriale : Claude NIMMO
Édition : Nadine MARTRÈS
Lecture-correction : Sylvie PORTÉ
Direction artistique : Uli MEINDL
Couverture et maquette intérieure : Serge CORTESI, SOPHIE RIVOIRE, ULI MEINDL
Dessin de couverture : Alain BOYER
Mise en page : Monique BARNAUD, Jouve Saran
Responsable de fabrication : Marlène DELBEKEN

ISBN : 978-2-03-589308-6

SOMMAIRE

Avant d'aborder l'œuvre

Pour approfondir

AVANT D'ABORDER L'ŒUVRE

AVANT D'ABORDER L'ŒUVRE

Fiche d'identité de l'auteur

Kant

Nom : Immanuel, en français Emmanuel, Kant

Naissance : le 22 avril 1724 à Königsberg en Prusse-Orientale, aujourd'hui Kaliningrad en Russie.

Famille : milieu modeste. Père, ouvrier sellier et mère, luthérienne piétiste, qui lui donne une éducation morale très rigoureuse. Il est le quatrième d'une famille de onze enfants.

Formation : élève au Collegium Fridericianum puis à l'université de Königsberg qu'il quittera en 1746 à la mort de son père pour devenir précepteur pour des familles nobles durant neuf ans. Enseignant à l'université de Königsberg durant quarante et un ans. Premier grand philosophe à dispenser des cours réguliers.

Début de sa carrière : *Pensées sur la véritable évolution des forces vives* en 1746, *Histoire naturelle générale et théorie du ciel* en 1755, puis la *Dissertation de 1770* qui lui vaut sa chaire de professeur titulaire.

Premier succès : *Critique de la raison pure* en 1781 le rend célèbre et marque la philosophie moderne par son projet d'un système de la raison pure qui représentera la métaphysique future.

Publications majeures : *Critique de la raison pratique* en 1788 et *Critique de la faculté de juger* en 1790. *Fondements de la métaphysique des mœurs* en 1785.

Évolution de sa carrière : période précritique jusqu'en 1770 : rationaliste dogmatique, sous l'influence de la physique newtonienne et de la métaphysique de Leibniz et Wolff jusqu'en 1760. De 1760 à 1769, découverte de l'empirisme de Locke et

Hume. Sa *Dissertation de 1770* ouvre la période critique.

Les questions : Que puis-je connaître ? Que dois-je faire ? Que m'est-il permis d'espérer ? fondent sa philosophie et se résument en cette interrogation : Qu'est-ce que l'homme ?

Mort : il meurt le 12 février 1804 en disant *Es ist gut* (« C'est bien »). Sur sa tombe est inscrit : « Deux choses ne cessent de remplir mon cœur d'admiration et de respect plus ma pensée s'y attache et s'y applique : le ciel étoilé au-dessus de ma tête et la loi morale en moi. »

Emmanuel Kant
par J. Chapman, Paris.

Repères chronologiques

Vie et œuvre de Kant

1724
Naissance à Königsberg, berceau de la vie intellectuelle et politique de Prusse, ville qu'il n'a pratiquement jamais quittée.

1737
Mort de sa mère.

1740-1769 : Période précritique

1740
Entrée à l'université où il se familiarise avec la philosophie de Leibniz.

1746
Mort de son père. *Pensées sur la véritable évolution des forces vives* où il tente d'accorder les philosophies de Descartes et Leibniz.

1755
Histoire naturelle générale et théorie du ciel où il donne une explication mécaniste de l'origine du monde.

1755-1769
Maître de conférences. Il obtient le titre de *Privatdozent*, à savoir, enseignant rétribué par ses élèves et non par l'État.

1766-1772
Sous-bibliothécaire à la Bibliothèque de la Cour.

1770 : Début de la période dite « critique ».

1770-1796
Chaire de professeur de philosophie obtenue grâce à sa *Dissertation sur la forme et les principes du monde sensible et du monde intelligible, dite Dissertation de 1770.*

1781
Première édition de *Critique de la raison pure*. Que puis-je connaître ?

Événements politiques et culturels

1713-1740 :
Règne de Frédéric-Guillaume Ier, roi de Prusse.

1723-1774 :
Règne de Louis XV.

1727
Mort de Newton.

1739
Hume, *Traité de la nature humaine.*

1740-1770 :
Apogée des Lumières en Prusse.

1740-1786 :
Règne de Frédéric II, dit Frédéric le Grand.

1748
Montesquieu, *De l'esprit des lois.* Hume, *Enquête sur l'entendement humain.*

1749
Diderot, *Lettre sur les aveugles.* Buffon, *Histoire naturelle.*

1751-1772
L'*Encyclopédie.*

1750-1753
Séjour de Voltaire en Prusse, auprès de Frédéric II.

1751
Hume, *Enquête sur les principes de la morale.*

1752
Voltaire, *Micromégas* (œuvre écrite en Prusse).

1755
Mort de Montesquieu.

1759
Voltaire, *Candide ou l'Optimisme.*

Repères chronologiques

Vie et œuvre de Kant

1784
Réponse de Kant à la question : « *Qu'est-ce que les Lumières ?* ». *Idée d'une histoire universelle du point de vue cosmopolite*.

1785
Fondements de la métaphysique des mœurs où il examine le devoir, la moralité et la bonne volonté.

1786-1788
Recteur de l'université.

1786
Élu à l'Académie royale des sciences et des arts de Berlin.

1787
Seconde édition de *Critique de la raison pure*.

1788
Critique de la raison pratique. Que dois-je faire ?

1790
Critique de la faculté de juger. Que m'est-il permis d'espérer ?

1792
Doyen de la faculté de philosophie et de toute l'Académie.

1793
La publication de *La Religion dans les limites de la simple raison*.

1795
Projet de paix perpétuelle où il prône une libre association des nations pour le bien de l'humanité.

1796
Arrêt de son enseignement.

1797
Métaphysique des mœurs où il est question des doctrines du droit et de la vertu.

1804
Mort de Kant.

Événements politiques et culturels

1762
Rousseau, *Émile* ou *De l'éducation* ; *Du contrat social*.

1765
Leibniz, *Nouveaux Essais sur l'entendement humain*.

1770
Naissance de Hegel.

1774-1792
Règne de Louis XVI.

1776
Déclaration d'indépendance américaine. Mort de Hume.

1778
Mort de Voltaire et de Rousseau.

1783
« *Qu'est-ce que les Lumières ?* » question posée dans la *Revue mensuelle berlinoise*.

1784
Mort de Diderot.

1786-1797
Règne de Frédéric-Guillaume II.

1789
Révolution française.

1793
Exécution de Louis XVI.

1797-1840
Règne de Frédéric-Guillaume III.

1799
Coup d'État de Napoléon Bonaparte (18 Brumaire).

1804
Napoléon Ier, empereur.

Kant dans son siècle

Kant, l'érudit de Königsberg

KANT passe toute sa vie à Königsberg et on peut même dire que l'université fut sa seconde maison. En effet, il a suivi des cours de mathématiques et de philosophie de 1740 à 1746. En 1755, il obtient la « promotion » puis l'« habilitation » qui lui donne le droit d'ouvrir un cours libre. Pendant quinze ans, il est « privatdozent », à savoir, professeur directement rétribué par ses étudiants. Puis en 1770, il obtient l'« ordinariat », autrement dit, sa chaire de professeur. Il dispense des leçons de logique, de mathématiques, de physique, de métaphysique, d'anthropologie, de pédagogie et même de géographie physique. Sa pédagogie est admirée par ses élèves, dont Herder (1744-1803) qui tient des propos élogieux à son égard : « J'ai eu le bonheur de connaître un philosophe, qui fut mon maître [...]. Il avait toujours en partage l'humour et l'esprit, et son enseignement était l'entretien le plus récréatif qui soit. [...]. Cet homme dont je prononce le nom avec gratitude et respect, c'est Emmanuel Kant.» Son enseignement prend fin en 1796 lorsqu'il se sent intellectuellement affaibli.

DE SON ÉDUCATION, il retient une rigueur certaine qui définit sa vie entière, rythmée comme un métronome. Kant se lève et se couche tous les jours à la même heure. De plus, il fait inlassablement la même promenade quotidienne à tel point que les personnes qui le rencontrent peuvent indiquer l'heure exacte de ses promenades. Dans *De l'Allemagne* (1853), Heinrich Heine écrit : « [...] Il vécut d'une vie de célibataire, vie mécaniquement réglée et presque abstraite, dans une petite rue écartée de Königsberg. Je ne crois pas que la grande horloge de la cathédrale ait accompli sa tâche visible avec moins de passion et plus de régularité que son compatriote Emmanuel Kant. » Imperturbable, ce rituel n'aurait été interrompu qu'à deux reprises : lors sa lecture de l'*Émile* de Jean-Jacques Rousseau (1712-1778) et lors de la Révolution française en 1789.

Kant, le pédagogue

En 1803, un *Traité de pédagogie* rassemble ses notes de cours où il est question d'éducation, condition nécessaire à l'homme pour accéder à la liberté et à sa propre humanité. Dès les premières lignes, il montre le poids déterminant de l'éducation dans la vie humaine avec ces mots : « L'homme est la seule créature qui soit susceptible d'éducation. Par éducation l'on entend les soins (le traitement, l'entretien) que réclame son enfance, la discipline qui le fait homme, enfin l'instruction avec la culture. Sous ce triple rapport, il est enfant, élève et écolier. » À une époque où les études ne sont pas accessibles à tous, il prône une généralisation de l'enseignement. L'enfant deviendra un citoyen aguerri dans cette école de la vie qui lui permet de se sociabiliser et de se confronter à autrui.

L'homme a effectivement besoin du secours d'autrui, ne pouvant s'éduquer lui-même. Le rôle du professeur est sacré car il « ne doit pas apprendre des pensées mais à penser. Il ne doit pas porter l'élève mais le guider si l'on veut à l'avenir qu'il soit capable de marcher lui-même ». En outre, l'éducation est une question de transmission comme il le dit dans le *Traité de pédagogie* : « Une génération fait l'éducation de l'autre » et il poursuit en ces termes : « Aussi le manque de discipline et d'instruction chez quelques hommes en fait-il de très mauvais maîtres pour leurs élèves. » Enfin, « l'éducation est un art dont la pratique a besoin d'être perfectionnée par plusieurs générations » et cet art s'établit au gré des expériences. Une bonne éducation se fait en vue du progrès de l'humanité et non pas égoïstement en fonction de l'état présent dans lequel se trouve l'enfant, c'est ce qu'il définit comme principe de pédagogie en ces termes : « On ne doit pas élever les enfants d'après l'état présent de l'espèce humaine, mais d'après un état meilleur, possible dans l'avenir, c'est-à-dire d'après l'idée de l'humanité et de son entière destination. »

Kant dans son siècle

Kant, le philosophe éclairé

ADMIRATEUR de Jean-Jacques Rousseau et lecteur assidu de ses œuvres, Kant est tellement subjugué par le philosophe français qu'il déclare dans *Remarques touchant les observations sur le sentiment du beau et du sublime* : « Cet écrivain réunit, à une admirable pénétration de génie, une inspiration noble et une âme pleine de sensibilité, comme cela ne s'est jamais rencontré chez un autre écrivain, en aucun temps, en aucun pays. L'impression qui suit immédiatement celle-là, c'est celle de l'étonnement causé par les pensées extraordinaires et paradoxales qu'il développe. Je dois lire et relire Rousseau, jusqu'à ce que la beauté de l'expression ne me trouble plus : c'est alors seulement que je puis disposer de ma raison pour le juger. » En 1762, *Julie ou la Nouvelle Héloïse* et *Émile ou De l'éducation* ont révolutionné ses idées. Kant a été amené à réfléchir davantage sur la condition et la nature humaines, et surtout à penser que ce qui rend l'homme digne n'est pas son savoir mais bien son sens moral.

ADMIRATEUR des Lumières françaises, il est attentif à ce qui se passe en France et suit aussi avec passion les événements de sa ville natale. Ainsi, en 1789, il déroge au rituel de sa promenade quotidienne pour se procurer *la Gazette* après l'annonce de la Révolution française. Les réflexions des penseurs éclairés sur la nature humaine et sur l'humanité ont eu des répercussions sur les esprits et ont rendu possible, sans la provoquer, la Révolution. Grâce à eux, l'homme a pris conscience de son statut et a voulu se libérer du joug des autorités religieuse et royale. De sujet, l'homme est devenu un citoyen conscient de ses droits.

ADMIRATEUR du despotisme, mais éclairé, Kant préconise une monarchie absolue où le pouvoir serait moins arbitraire et où le monarque serait guidé par la raison. Le despote, ainsi éclairé, doit permettre au peuple de « faire un usage public de sa propre raison ». Quant à la question religieuse, il récuse tout despotisme clérical et tout dogmatisme. Ses idées sont proches de celles d'autres philosophes des Lumières tels que Voltaire, qui fut l'un des protégés de Frédéric II de Prusse.

Kant, et sa période précritique

SA PHILOSOPHIE se compose d'une période précritique (1740-1769) pendant laquelle il suit les traces du rationalisme dogmatique jusqu'en 1760 en subissant l'influence de la physique newtonienne et de la métaphysique de Leibniz (1646-1716) et Wolff (1679-1754). Kant retiendra grâce à la physique de Newton (1642-1727) qu'une science de la nature est non seulement possible mais certaine. Ainsi, comme la science est œuvre de la raison, cette dernière peut aborder le monde de l'existence. Pour les rationalistes, c'est le raisonnement, autrement dit l'usage de la raison, qui est la base de la connaissance. Kant montre que la raison est naturellement dogmatique, car elle use de son pouvoir de connaître sans s'interroger sur les conditions qui rendent légitimes les connaissances qu'elle prétend acquérir. Si Leibniz a amené Kant à rechercher les principes et les conditions de possibilité de toutes choses, il n'en reste pas moins qu'il s'éloigne de la pensée leibnizienne selon laquelle la cause est assimilée à la raison. En effet, pour Leibniz, « Rien n'est sans raison », autrement dit la raison est souveraine puisqu'elle est capable de rendre compte de toutes les vérités. Or pour Kant, il existe des vérités qui ne sont pas absolues, dont on ne peut pas être sûr et tout dans le monde ne peut être connu à la lumière de la raison.

PUIS DE 1760 à 1769, il découvre l'empirisme de Locke (1632-1704) et Hume (1711-1776) qui fait reposer la connaissance sur l'expérience. Hume, penseur sceptique, proclame la raison impuissante à acquérir une connaissance nécessaire et universelle. Ce scepticisme a le mérite, selon Kant, de le réveiller de son sommeil dogmatique. Néanmoins, Kant n'est pas entièrement satisfait, car l'attitude sceptique condamne la raison au lieu de lui prescrire des limites à l'intérieur desquelles son pouvoir de connaître serait garanti. C'est à ce moment que naît le criticisme kantien, qui a pour vocation de définir le domaine à l'intérieur duquel les pouvoirs de la raison peuvent légitimement s'exercer.

Kant dans son siècle

Kant, et sa période critique

La période critique naît donc en 1770 lors de la rédaction de la *Critique de la raison pure* qui rendra, à sa publication en 1781, son auteur célèbre. Cette première étape de la pensée critique tente de répondre à la question « **Que puis-je connaître ?** » afin de déterminer les capacités humaines liées à la faculté de connaissances. Comme la raison n'est pas capable de saisir tous les objets auxquels elle prétend accéder, il faut lui fixer des limites. Effectivement, elle outrepasse son domaine de compétences lorsqu'elle s'aventure du côté des réalités dépassant l'expérience, comme pour l'Univers, l'âme ou encore Dieu. Si la raison est une constante dans la philosophie kantienne, il n'en demeure pas moins que la morale y a également une place prépondérante.

Ainsi en 1788, la *Critique de la raison pratique* définit la nature de la loi morale. Il s'agit d'évaluer les conditions selon lesquelles une action peut être évaluée comme bonne en soi. La question « **Que dois-je faire ?** » concerne alors la morale et le devoir. Il est question de la bonne volonté de l'homme qui consiste à vouloir accomplir une action simplement par devoir. Ainsi, une action ne peut être véritablement considérée comme morale que lorsqu'elle obéit à la raison humaine. Enfin, la *Critique de la faculté de juger* (1790) traite du fondement et de la valeur des notions du beau et de la finalité. Kant va alors se consacrer à l'étude du jugement d'appréciation de la beauté. Afin de souligner la spécificité du jugement esthétique, il finira par définir le beau comme « ce qui plaît universellement sans concept ». Cet ouvrage lui permet aussi de répondre à la question « **Que suis-je en droit d'espérer ?** » qui consiste à savoir si l'homme peut espérer un bonheur futur.

Les trois interrogations permettent au penseur allemand de définir l'homme. Toute la philosophie kantienne n'aura de cesse de mettre l'être humain au centre de ses préoccupations, non pas de manière égocentrique mais bien pour penser l'humanité tout entière.

Kant et la métaphysique

S'IL EXISTE des connaissances dérivant de l'expérience, connaissances *a posteriori*, Kant identifie aussi des connaissances *a priori*, précédant l'expérience et issues de deux grandes facultés de l'esprit humain, à savoir la sensibilité et l'entendement. La philosophie kantienne est alors qualifiée de transcendantale, car il s'interroge sur les conditions de possibilité de la connaissance. En outre, il bouleverse la philosophie en montrant que ce n'est pas l'esprit qui doit se régler sur les objets de la connaissance mais l'inverse. Ce sont les objets qui doivent se régler sur les structures *a priori* de la sensibilité et de l'entendement. Cette « révolution copernicienne en philosophie » doit permettre à la métaphysique de s'engager dans la voie sûre d'une science.

LA MÉTAPHYSIQUE classique a pour préoccupations traditionnelles : l'âme, le monde et Dieu. Or, ces réalités ne pourraient constituer un quelconque objet de connaissance puisqu'il est impossible d'en faire l'expérience. Pour Kant, il ne s'agit là que d'idées de la raison et la métaphysique, en voulant transformer ces idées en objets de connaissance, se rend illusoire et peu fiable. Cependant, Kant ne renonce pas à la métaphysique mais montre simplement qu'elle ne portera plus son attention sur l'âme, Dieu et l'Univers, mais consistera en une activité critique dont la fonction sera de veiller à ce que les sciences ne dépassent jamais les limites de la raison. Enfin, Kant ne rejette pas Dieu puisqu'il pense que la croyance en l'immortalité de l'âme et en Dieu demeure un acte de foi. D'un point de vue théorique, on ne peut pas faire l'expérience de Dieu et de l'âme, pas objets de connaissance mais d'un point de vue pratique, à savoir moral, leur existence est nécessaire ; d'autant plus que Dieu permet à l'homme de se conduire moralement.

Fiche d'identité de l'œuvre

Qu'est-ce que les Lumières ?

Genre : essai proposant une réflexion personnelle de Kant sur le siècle des Lumières. Manifeste de sa propre philosophie.

Auteur : Emmanuel Kant (XVIIIe siècle).

Objets d'étude : La question de l'homme dans les genres de l'argumentation. Un mouvement littéraire et culturel : Le siècle des Lumières.

Registres : didactique par le ton pédagogique employé par l'auteur.

Structure : texte de quinze paragraphes dans la traduction de Piobetta.

Forme : argumentation en prose.

Sujet : Kant donne sa vision du siècle des Lumières, en marche vers le progrès. Il cerne le rôle de la philosophie des Lumières dans l'histoire, le rôle de la religion et celui du pouvoir politique. Il y décrit surtout l'engagement de l'homme pour défendre ses droits. Un homme ayant confiance en sa raison et disposant d'un esprit libre est un citoyen éveillé.

Lectures de l'œuvre : la réflexion de Kant a une portée universelle et intemporelle en relatant le combat de tout homme. La lecture de ce texte influencera l'œuvre de Michel Foucault (1926-1984) à tel point qu'il écrira un texte intitulé *Qu'est-ce que les Lumières ?* (1984) où il dira que la philosophie se doit de « diagnostiquer le présent, c'est-à-dire, de poser la question de notre propre identité et celle de notre temps ». Kant, par son attitude face à l'actualité de son époque, en saisissant le moment présent est moderne pour Foucault. Mais sa modernité réside surtout dans le fait qu'il présente son époque comme une issue et non pas, à l'instar de ses prédécesseurs, Platon ou Augustin, comme le début d'une nouvelle ère. L'opuscule de Kant définit surtout la philosophie moderne.

Emmanuel Kant
par Johann Thomas Hagemann, Paris.

L'œuvre dans son siècle

Un siècle humaniste

LES LUMIÈRES désignent un mouvement européen qui reflète la volonté des penseurs du XVIIIe siècle de combattre les ténèbres de l'ignorance, l'obscurantisme, les préjugés et les superstitions. Les ennemis des Lumières s'opposent à la diffusion de l'instruction, de la culture, aux progrès des sciences et à la raison. C'est pourquoi les philosophes éclairés n'ont de cesse de promouvoir le principe d'autonomie de la raison, le progrès du savoir, de la civilisation et surtout de défendre des valeurs telles que tolérance, liberté et égalité.

LES PHILOSOPHES contestent les obscurantistes qui rendent l'homme malheureux tant au niveau des dogmes religieux que des pouvoirs tyranniques. La métaphysique, dont les vérités sont assimilées à des superstitions néfastes, devient la bête noire de la raison éclairée. Les penseurs prônent une religion naturelle se familiarisant avec le monde physique, le monde concret des hommes et des choses. Dieu n'est pourtant pas rejeté ; la plupart des intellectuels éclairés sont déistes, comme Voltaire ou encore Kant. Ce siècle éclairé, souhaitant avant tout le bonheur de l'homme, dépouille la religion de son fanatisme et combat son intolérance. Quant au pouvoir politique, l'absolutisme est remis en cause, surtout en France lorsque les penseurs découvrent la monarchie parlementaire ainsi que le libéralisme politique et économique en Angleterre. Le modèle anglais inspire à Montesquieu la séparation des pouvoirs exécutif, législatif et judiciaire.

L'HOMME est placé au centre des préoccupations et la nature humaine est réhabilitée. Les philosophes des Lumières sont de vrais humanistes. Pour mieux cerner l'homme, ils se focalisent sur sa raison car c'est elle qui explique le fonctionnement de la nature et celui de l'homme. Cette raison expérimentale et universelle fonde la possibilité du progrès et l'homme peut ainsi connaître ses possibilités mais aussi ses limites. À la manière des scientifiques, les penseurs entreprennent un examen critique systématique, expérimentent et vérifient leurs données.

La diffusion du savoir

LA RAISON et la diffusion du savoir sont les piliers qui soutiennent les espoirs et la foi en l'humanité des philosophes. L'homme est perfectible, et une fois éclairé par les lumières de sa raison, il pourra propager ses connaissances à l'humanité tout entière, notamment grâce à l'*Encyclopédie* (1751-1772). Cet ouvrage, composé de trente-cinq volumes auquel ont collaboré cent cinquante savants, incarne la vaste entreprise humaniste des Lumières. L'*Encyclopédie* est le répertoire de toutes les connaissances et s'impose comme la meilleure représentation de la pensée humaine enfin « éclairée ». Au XVIIIe siècle en Europe, les salons littéraires, où s'échangent opinions et idées, connaissent leurs heures de gloire, et la liberté d'expression devient un combat essentiel.

LA CENSURE fait néanmoins rage à l'époque et la liberté d'expression est arbitrairement limitée. L'*Encyclopédie* se voit interdire la publication de ses deux premiers volumes. De *l'Esprit* d'Helvétius et l'*Émile* de Rousseau sont condamnés. *Le Dictionnaire philosophique* de Voltaire est sanctionné par le bûcher. Pour échapper à la censure, Montesquieu publie anonymement en Hollande ses *Lettres persanes* et le *Contrat social* de Rousseau est diffusé depuis Genève. Les exils et les emprisonnements sont nombreux. Mais plus les philosophes sont inquiétés et plus ils défendent avec hargne la liberté d'expression, car elle symbolise toutes les autres libertés. Leur lutte acharnée pour faire entendre leurs idées librement est récompensée par l'article 11 de la *Déclaration des droits de l'homme et du citoyen* du 26 août 1789, qui proclame le droit à la liberté d'expression comme un droit fondamental en ces termes : « La libre communication des pensées et des opinions est un des droits les plus précieux de l'Homme : tout Citoyen peut donc parler, écrire, imprimer librement, sauf à répondre de l'abus de cette liberté dans les cas déterminés par la Loi. »

L'œuvre dans son siècle

Les lumières allemandes

EN ALLEMAGNE, le courant de pensée assimilé aux Lumières est l'*Aufklärung*. L'*Aufklärung* désigne plus le « progrès des Lumières » que la lumière elle-même. Et l'*Aufklarër* est quant à lui le nom donné à l' « éclaireur », au « propagateur » des Lumières. Même si le terme allemand n'est employé qu'à partir de 1770 il désigne néanmoins un courant qui voit le jour dans les années 1720 et qui perdure jusqu'en 1785. Il s'agit d'un mouvement rationaliste d'émancipation de l'homme qui revendique une philosophie distincte de la théologie et qui conçoit une « religion naturelle » débarrassée des dogmes et fondée sur la tolérance. La nature, l'homme et la raison sont les trois piliers de ce mouvement. En outre, à l'instar du reste de l'Europe, les Lumières allemandes fondent leurs croyances dans l'éducation, le progrès et la science.

MOSES MENDELSSOHN (1729-1786) est le représentant des Lumières juives et de l'*Aufklärung* berlinois. Dans *Jérusalem ou Pouvoir religieux et judaïsme* (1783), il défend la tolérance en matière de religion et de politique et montre que l'ingérence ne doit pas être de mise. Il défend également la liberté de conscience. Gotthold Ephraim Lessing (1729-1781) suit les idées typiques de l'*Aufklärung* en militant pour la tolérance, le respect de l'homme et le rôle prédominant de la raison. Il publia *L'Éducation du genre humain* (1780). Kant n'est pas considéré en Allemagne comme un véritable propagateur des Lumières au même titre que Mendelssohn.

DANS LES ANNÉES 1770 se développe un mouvement littéraire et politique *Sturm und Drang*, « Tempête et Passion » en français, qui critique la philosophie des Lumières allemandes en prônant la suprématie des passions sur la raison. Les figures emblématiques de ce mouvement antirationaliste sont Johann Wolfgang von Goethe (1749-1832) et Johann Gottfried von Herder (1744-1803). Le romantisme est de mise, notamment avec *Les souffrances du jeune Werther* (1774) de Goethe, mais il touche aussi la philosophie puisque le penseur allemand Herder théorise une philosophie romantique de l'histoire.

Qu'est-ce que les Lumières ?

EN DÉCEMBRE 1783, un pasteur allemand, Johann Friedrich Zöllner, membre de la société berlinoise des amis des Lumières, irrité par les excès des Lumières et ceux qui veulent abolir le mariage religieux, pose la question suivante « Qu'est-ce que les Lumières ? (Was ist *Aufklärung* ?) dans *La Revue mensuelle berlinoise* (*Berlinische Monatsschrift*). Il déclare même : « Cette question, qui est presque aussi importante que la question : « Qu'est-ce que la vérité ? », devrait tout de même recevoir une réponse, avant qu'on se mît à éclairer les gens ! Or cette réponse, je ne l'ai rencontrée nulle part ! »

EN SEPTEMBRE 1784, Moses Mendelssohn montre que les lumières de l'homme peuvent entrer en conflit avec celles du citoyen. Pour ce dernier, l'« *Aufklarër*, ami de la vertu, devra agir avec prudence et circonspection et plutôt supporter les préjugés que d'en rejeter la part de vérité qui s'y trouve si étroitement liée… La tolérance à l'égard des préjugés est préférable à l'abus des Lumières qui conduit à l'affaiblissement du sentiment moral, à l'irréligion et à l'anarchie ». Il représente bien là l'attitude des philosophes allemands des Lumières. Lui aussi pense que les Lumières sont parfois excessives et souligne dans son texte « Que signifie : éclairer ? » : « L'abus des *Lumières* affaiblit le sens moral, conduit à la dureté, l'égoïsme, l'irréligion et l'anarchie. L'abus de la culture engendre l'abondance, l'hypocrisie, l'amollissement, la superstition et l'esclavage. »

EN DÉCEMBRE 1784, Kant répond à la question par son opuscule dont le titre complet est *Réponse à la question : qu'est-ce que les Lumières ?* (*Beantwortung der Frage : Was ist Aufklärung ?*). À noter qu'à la différence de Mendelssohn qui préfère le verbe « éclairer », Kant retient le substantif « Lumières ». Les deux penseurs ont des visions qui divergent, car si pour Mendelssohn les notions d'« humanité » ou de « genre humain » n'existent pas, pour Kant le progrès est à défendre au niveau de l'humanité et non pas, comme chez son compatriote, au niveau individuel. Même si Kant le considère comme un grand penseur, il contestera ses idées sur le progrès de l'humanité dans un autre ouvrage datant de 1793 *Théorie et Pratique*.

Le despotisme éclairé et limité

La lutte contre l'absolutisme politique fait rage, notamment en France avec Voltaire et Diderot qui préfèrent ériger le despotisme éclairé en modèle de gouvernement. Il émerge en Europe à partir des années 1750 et se tourne davantage vers le bonheur collectif et non plus uniquement vers la cour princière ou l'Église catholique. Un nouvel ordre rationnel voit le jour dans les États. En Prusse, c'est Frédéric II, Frédéric le Grand qui représente le despotisme royal durant son règne (1740-1786). En se considérant davantage comme un serviteur de l'État et non comme un monarque de droit divin, il défend l'intérêt général. Ce monarque éclairé, conscient des limites de son pouvoir absolu, contribue à ce que le XVIIIe siècle se dirige vers les Lumières ; à noter que l'apogée des Lumières en Prusse a eu lieu entre 1740 et 1770, durant son règne.

L'ambition du roi permet à la Prusse de devenir un État moderne et de faire partie des cinq grandes puissances européennes du XVIIIe siècle avec la France, l'Allemagne, l'Autriche et la Russie. Fin stratège, Frédéric II n'a de cesse, durant son règne, d'unifier un royaume morcelé. Sa grande œuvre reste la guerre et l'extension de son royaume. Néanmoins, son ambition lui permet de faire la promotion des *Lumières* dans ses États. Frédéric II entend se placer sous le signe de la raison et des arts. Il se veut roi-philosophe et compose des poèmes ainsi que des pièces, en français, en grand admirateur de la culture française. Frédéric le Grand entretient une relation épistolaire avec Voltaire qu'il aide à s'exiler à Berlin. Les deux hommes se vouent une admiration et une méfiance réciproques.

La liberté de penser

LA LIBERTÉ D'EXPRESSION et la liberté de publication sont devenues des armes au service de l'ambition du roi de Prusse, mais il exige l'obéissance afin de préserver l'ordre dans la société. Son mot d'ordre est d'ailleurs : « Raisonnez autant que vous voudrez et sur tout ce que vous voudrez, mais obéissez ! ». Les hommes peuvent donc critiquer la législation et l'Église car il garantit la liberté de conscience. Frédéric II a besoin de l'esprit des Lumières afin de propager ses idées et fait en sorte que se développent les universités et les cercles de lecture. Il se fait le protecteur des pasteurs éclairés inquiétés pour avoir publié des livres jugés contraires aux directives officielles. Il a la volonté d'être l'allié des esprits éclairés en leur accordant le droit de publier. Des magazines et des revues comme *La Revue mensuelle berlinoise* voient le jour. Les intellectuels allemands donnent le ton en disposant de telles tribunes et échangent sur toutes les questions du temps.

MAIS SON SUCCESSEUR Frédéric-Guillaume II et son ministre des Cultes Wöllner détruiront les Lumières en faisant preuve d'intolérance vis-à-vis de la vie intellectuelle et de la presse. C'est ainsi que Kant lors de la parution de *La Religion dans les limites de la simple raison* sera censuré par le roi qui lui interdira de traiter des questions religieuses. Il retrouvera sa liberté de parole à la mort de ce dernier, en 1797.

Lire l'œuvre aujourd'hui

La réponse de Kant à la question : « Qu'est-ce que les Lumières ? » est une argumentation structurée dans laquelle il expose, sans détours, sa conception des « Lumières » en se plaçant face à l'actualité du XVIIIe siècle ; siècle qui n'est pour lui qu'une étape dans l'histoire de l'humanité en marche vers le progrès. Si ses réflexions résonnent encore de nos jours, c'est parce qu'il décrit avant tout le combat que l'homme doit mener pour ses droits. La pensée kantienne, dont les deux piliers sont la Raison et la Liberté, offre ainsi une leçon de vie intemporelle afin que l'homme s'émancipe et se révèle.

Une foi en l'homme

Kant définit le rôle primordial de l'entendement dans l'évolution de l'homme et le progrès de l'humanité. Il faut impérativement que l'homme puisse avoir confiance en les capacités de son entendement pour pouvoir accéder au rang d'homme. Tout individu a, par nature, cette faculté de penser par lui-même. Mais, il faut que l'homme comprenne qu'il a le droit de se servir de son entendement sans être soumis à autrui. Or, il a une tendance naturelle à penser qu'il ne peut le faire. C'est au cours d'un long apprentissage que l'homme pourra saisir son droit inaliénable à user de son propre entendement. En outre, il ne tient qu'à lui de concevoir que cette faculté lui permet de se débarrasser des préjugés et superstitions qui le guettent. Il ne faut pas croire tout ce qui est dit, ne pas se soumettre aux pensées d'autrui sans une once de réflexion. Un homme qui se rend compte des pouvoirs de son entendement, verra les possibilités qui s'offrent à lui. Quand le sujet saura penser par lui-même, il saura également juger en connaissance de cause et ainsi devenir raisonnable. Une fois que l'homme se sait esprit, il lui suffit de s'en servir.

Un esprit de liberté

AVOIR FOI en sa faculté de penser est une chose, mais pouvoir s'en servir en est une autre. Il faut, en effet, que l'individu ait le courage d'agir, autrement dit, de penser par lui-même et d'exprimer ses idées. L'usage de la raison humaine ne peut avoir lieu sans une certaine liberté. En prenant conscience de lui, l'homme pourra s'affranchir de toute tutelle, de toute soumission à autrui, qu'elle soit d'ordre religieux ou politique. Si l'homme se rend compte qu'il détient en lui la possibilité de s'exprimer, il verra vite que cette liberté d'expression est au fondement des autres libertés individuelles qui lui incombent. Mais il ne faudra pas qu'il oublie que cette liberté d'expression ne peut s'exercer que sous certaines conditions. L'homme ne peut pas penser et dire tout ce qu'il veut. Il sait qu'il est libre de s'exprimer tant qu'il agit dans les limites du raisonnable, tant qu'il ne nuit pas à autrui.

Un homme éclairé est un citoyen éveillé

LES LIBERTÉS d'expression, de pensée, de publication sont des droits qui ne peuvent s'exercer qu'en vue du bien commun. Un homme qui prend conscience de ses droits et surtout des limites de leur usage est un citoyen éveillé. L'homme, vivant en société, est avant tout un citoyen qui a des devoirs et il se doit de penser à l'intérêt général. S'il ne pense qu'à son propre intérêt, il n'est alors plus citoyen. Les hommes sont tous des esprits, des êtres pensants et ils doivent être égaux devant la liberté d'expression. C'est elle qui fait et qui fera régner un esprit républicain, non pas seulement au niveau étatique mais surtout au niveau mondial, universel. L'homme est avant tout citoyen du monde. L'important est également de penser non pas seulement en fonction de l'époque dans laquelle l'homme vit mais aussi en fonction des générations futures, de l'humanité tout entière. Quelle belle leçon de vie nous est ainsi proposée dans ce texte datant de 1784 !

Le plan de l'œuvre

Le texte de Kant a été traduit par Stéphane Piobetta, philosophe français du XXe siècle.

Paragraphes 1 à 3

L'HOMME MINEUR est celui qui ne se sert pas de son entendement, à savoir, de sa faculté de penser par lui-même, par crainte et manque d'audace. Il est donc responsable de cette situation. Certains préfèrent ainsi rester sous l'emprise d'autres hommes, pensant que cet état de soumission est naturel. De surcroît, les tuteurs, ceux qui pensent à la place d'autres hommes, font en sorte que ces individus placés sous leur tutelle n'aient aucune envie de s'émanciper. Ils leur montrent les dangers d'une éventuelle émancipation. L'homme mineur est dépourvu de liberté, ne pensant pas par lui-même. Il ne peut donc pas, dans ces conditions, devenir « majeur ».

Paragraphes 4 et 5

C'EST UNE ÉMANCIPATION collective et non individuelle qui permettra à l'homme de devenir majeur, de penser par lui-même. La liberté de se servir de son propre entendement est primordiale pour accéder aux lumières et elle ne pourra être utilisée par le peuple uniquement si ce dernier est guidé par un tuteur éclairé, qui fait un bon usage de sa raison. Ces tuteurs éclairés peuvent ainsi propager les avantages liés à la liberté de penser et empêcher que les hommes soient pris au piège des préjugés. « Il faut néanmoins, dit Kant, s'exprimer librement, raisonner sous certaines conditions que ce soit pour le peuple comme pour le roi ou l'homme d'Église. » C'est pourquoi il distingue l'usage public, qui se fait librement sans aucune limitation et l'usage privé de la raison, qui est limité. Paradoxalement, l'usage public de la raison est plus libre que l'usage privé.

Paragraphe 6

KANT ILLUSTRE ses propos en décrivant la liberté d'expression en matière de religion où l'homme d'Église peut faire un usage privé de sa raison devant ses paroissiens et un usage public devant une assemblée plus élargie. Cette liberté d'expression en religion est essentielle. Il est aussi primordial à l'homme de connaître des personnes éclairées dont l'enseignement est vecteur de savoir, s'il veut pouvoir accéder également à la lumière.

Paragraphes 7 et 8

KANT SE DEMANDE alors si l'Église ne devrait pas détenir un pouvoir suprême qui placerait tous les hommes sous sa tutelle. Mais cette situation est impossible car elle ne permettrait pas à l'homme de progresser vers la lumière ; elle ne le laisserait pas libre d'user de sa raison. De plus, il récuse le fait de créer des lois limitées dans le temps, il faut avant tout penser à la postérité, au progrès de l'humanité. Une loi est bonne si elle est émise par le peuple et si elle favorise le progrès. Et c'est en obéissant à la loi que l'homme est véritablement libre.

Paragraphes 9 à 13

POUR KANT, le siècle des Lumières n'est qu'une étape vers le progrès de l'humanité. Le chemin est encore long pour parvenir véritablement à la lumière. Le siècle des Lumières est celui de Frédéric II, un despote éclairé, qui n'a pas à s'immiscer dans la vie privée de ses sujets ou à intervenir dans le domaine religieux. En tant que roi, il doit se borner à un usage privé de sa raison ; il n'a pas non plus le droit de censurer les écrits de ses sujets. La liberté d'expression doit être préservée d'autant plus qu'elle est au fondement des autres libertés humaines. Si on laisse aux hommes la liberté de s'exprimer, ils pourront atteindre la majorité, devenir éclairés. Mais c'est à eux que revient la décision d'user ou non de leur raison.

Paragraphe 14

PLUS UN PEUPLE est libre et plus il respecte les lois. Et inversement, plus il respecte les lois et plus le roi le laissera s'exprimer librement. La liberté de penser est un don naturel, il ne reste plus à l'homme qu'à s'en servir raisonnablement. Il doit en faire bon usage en respectant autrui, qu'il soit simple citoyen ou à la tête de l'État, et en honorant la dignité humaine.

Paragraphe 15

KANT ÉVOQUE ici la réponse dans la *Revue mensuelle berlinoise*, du philosophe allemand, Mendelssohn, à la question « Qu'est-ce que les Lumières ? ». Réponse qu'il n'a pas encore lue mais qui connaîtra peut-être des échos avec son opuscule.

Les problématiques essentielles

Comment est l'homme ?

L'HOMME N'A PAS l'habitude de penser par lui-même, de faire usage de sa raison même s'il en est naturellement doté. Il lui est plus facile de suivre les pensées d'autrui, d'être dirigé plutôt que d'avoir l'audace de penser par lui-même. Des personnes mal intentionnées vont profiter de son manque de courage et de ses craintes pour le laisser se complaire dans cette situation de soumission. Pire, ils vont lui faire croire qu'il va se mettre en danger s'il commence à penser par lui-même. Or, il faut que l'homme se trompe, qu'il en tire les leçons, qu'il apprenne par lui-même la bonne marche à suivre pour penser correctement. C'est ainsi que l'homme qui ne fait pas usage de son entendement est en proie aux préjugés.

Comment peut-il être libre ?

C'EST PAR UN LONG apprentissage que l'homme parviendra à se libérer de sa soumission aux croyances d'autrui. Il doit apprendre à être libre en vivant selon sa propre raison et non selon les préceptes des autres. L'homme devra distinguer le jugement libre du préjugé. Il devra se rendre compte que, pour être sûr de savoir, de connaître, il faut qu'il use de sa raison. En changeant sa manière de penser, en prenant conscience qu'il serait plus heureux en pensant par lui-même et non en fonction de ce qui lui est dicté, l'homme parviendra à être libre. Mais cette émancipation devra se faire collectivement car un homme isolé pourra difficilement apprendre à penser par lui-même.

Pourquoi la liberté d'expression est-elle si importante ?

LA LIBERTÉ D'EXPRESSION est au fondement de toutes les autres libertés. Sans elle, l'homme ne peut discuter, échanger et donc évoluer. Les ennemis des Lumières, les obscurantistes, pensent injustement que les libertés d'expression et de publication peuvent permettre le renversement de l'ordre établi politiquement ou religieusement. Mais, au contraire, c'est en exprimant ses idées, en les écrivant, que l'homme agira sur les consciences et provoquera des changements et des évolutions. Des réformes pourront se mettre en place, tant au niveau politique, religieux que social afin de favoriser une harmonie entre les hommes. Les hommes qui ne veulent pas se laisser tyranniser vont pouvoir s'exprimer et se faire entendre.

Comment conjuguer le libre usage de la raison, la liberté d'expression et l'obéissance aux lois ?

UN HOMME LIBRE est un homme qui agit en fonction de certaines limites. Ainsi, il faut qu'il sache faire un bon usage de sa raison et pour cela il faut qu'il distingue son usage privé de son usage public. Lorsqu'un homme occupe une fonction particulière, il doit employer raisonnablement sa liberté de penser, sa liberté d'expression. Il ne peut pas tout dire. Mais dans un usage public, sa parole se trouvera plus libérée. Ainsi, même si ses pensées ou ses écrits ne sont pas en accord avec les institutions en place, il n'en reste pas moins que cette liberté d'expression n'est en rien incompatible avec l'obéissance aux lois ou encore le respect du pouvoir étatique. Tant que l'homme respecte les règles communes, les lois prescrites pour l'intérêt général, il est libre de s'exprimer.

Comment doivent se comporter les autorités religieuse et politique ?

IL NE FAUT ni despotisme clérical ni tyrannie politique. L'Église ne doit pas être souveraine et il en va de même pour le roi, qui, même s'il fait preuve d'un certain autoritarisme, le fait de manière éclairée. Autrement dit, un peuple dirigé par un roi qui fait un bon usage de sa raison, sera un peuple qui marchera vers la lumière, vers le progrès ; d'autant plus si ce monarque insuffle à son peuple la volonté de changer sa manière de penser. Les pouvoirs religieux et politiques ne doivent en aucun cas être la source d'oppression, bien au contraire, ils doivent être des alliés, des appuis afin que l'homme évolue vers la lumière.

Qu'est-ce que les Lumières ?

Kant

Traité de philosophie politique

L'ŒUVRE

Qu'est-ce que les Lumières ?

Emmanuel Kant - Traduction Stéphane Piobetta

Qu'est-ce que les Lumières ?[1] La sortie de l'homme de sa minorité dont il est lui-même responsable. Minorité, c'est-à-dire incapacité de se servir de son entendement (pouvoir de penser) sans la direction d'autrui, minorité dont il est lui-même responsable (faute) puisque la cause en réside non dans un défaut de l'entendement mais dans un manque de décision et de courage de s'en servir sans la direction d'autrui. *Sapere aude*[2] ! (« Ose penser ».). Aie le courage de te servir de ton propre entendement. Voilà la devise des Lumières.

La paresse et la lâcheté sont les causes qui expliquent qu'un si grand nombre d'hommes, après que la nature les a affranchis depuis longtemps d'une (de toute) direction étrangère, reste cependant volontiers, leur vie durant, mineurs, et qu'il soit facile à d'autres de se poser en tuteur des premiers. Il est si aisé d'être mineur ! Si j'ai un livre qui me tient lieu d'entendement, un directeur qui me tient lieu de conscience, un médecin qui décide pour moi de mon régime, etc., je n'ai vraiment pas besoin de me donner de peine moi-même. Je n'ai pas besoin de penser pourvu que je puisse payer ; d'autres se chargeront bien de ce travail ennuyeux. Que la grande majorité des hommes (y compris le sexe

---

1. Désigne le XVIIIe siècle. *Cf.* « Un siècle humaniste » dans la rubrique « L'œuvre dans son siècle ».
2. Maxime empruntée au poète latin Horace (*Épitres*, I, 2, 40) pouvant être traduit par « Ose faire usage de ton jugement » ou encore « Aie le courage de te servir de ton propre entendement ».

faible tout entier) tienne aussi pour très dangereux ce pas en avant vers leur majorité, outre que c'est une chose pénible, c'est ce à quoi s'emploient fort bien les tuteurs qui très aimablement (par bonté) ont pris sur eux d'exercer une haute direction sur l'humanité. Après avoir rendu bien sot leur bétail (domestique) et avoir soigneusement pris garde que ces paisibles créatures n'aient pas la permission d'oser faire le moindre pas, hors du parc où ils les ont enfermés. Ils leur montrent les dangers qui les menacent, si elles essayent de s'aventurer seules au dehors. Or, ce danger n'est vraiment pas si grand, car elles apprendraient bien enfin, après quelques chutes, à marcher ; mais un accident de cette sorte rend néanmoins timide, et la frayeur qui en résulte, détourne ordinairement d'en refaire l'essai.

Il est donc difficile pour chaque individu séparément de sortir de la minorité qui est presque devenue pour lui, nature. Il s'y est si bien complu, et il est pour le moment réellement incapable de se servir de son propre entendement, parce qu'on ne l'a jamais laissé en faire l'essai. Institutions (préceptes) et formules, ces instruments mécaniques de l'usage de la parole ou plutôt d'un mauvais usage des dons naturels (d'un mauvais usage raisonnable), voilà les grelots que l'on a attachés au pied d'une minorité qui persiste. Quiconque même les rejetterait, ne pourrait faire qu'un saut mal assuré par-dessus les fossés les plus étroits, parce qu'il n'est pas habitué à remuer ses jambes en liberté. Aussi sont-ils peu nombreux, ceux qui sont arrivés par le propre travail de leur esprit à s'arracher à la minorité et à pouvoir marcher d'un pas assuré.

Mais qu'un public s'éclaire lui-même rentre davantage dans le domaine du possible, c'est même pour peu qu'on lui en laisse la liberté, à peu près inévitable. Car on rencontrera toujours quelques hommes qui pensent de leur propre chef, parmi les tuteurs patentés (attitrés) de la masse et qui, après avoir eux-mêmes secoué le joug[1] de la (leur) minorité, répandront l'esprit d'une estimation raisonnable de sa valeur propre et de la vocation de chaque homme à penser par soi-même. Notons en particulier que le public, qui avait été mis auparavant par eux sous ce joug,

1. Dure sujétion, contrainte matérielle ou morale.

les force ensuite lui-même à se placer dessous, une fois qu'il a été incité à l'insurrection par quelques-uns de ses tuteurs incapables eux-mêmes de toute lumière : tant il est préjudiciable d'inculquer des préjugés parce qu'en fin de compte ils se vengent eux-mêmes de ceux qui en furent les auteurs ou de leurs devanciers. Aussi un public ne peut-il parvenir que lentement aux lumières. Une révolution peut bien entraîner une chute du despotisme personnel et de l'oppression intéressée ou ambitieuse (cupide et autoritaire), mais jamais une vraie réforme de la méthode de penser ; tout au contraire, de nouveaux préjugés surgiront qui serviront, aussi bien que les anciens de lisière à la grande masse privée de pensée.

Or, pour ces lumières, il n'est rien requis d'autre que la liberté ; et à vrai dire la liberté la plus inoffensive de tout ce qui peut porter ce nom, à savoir celle de faire un usage public de sa raison dans tous les domaines. Mais j'entends présentement crier de tous côtés : « Ne raisonnez pas ! » L'officier dit : « Ne raisonnez pas, exécutez ! » Le financier : (le percepteur) « Ne raisonnez pas, payez ! » Le prêtre : « Ne raisonnez pas, croyez ! » (Il n'y a qu'un seul maître au monde qui dise « Raisonnez autant que vous voudrez et sur tout ce que vous voudrez, mais obéissez ! ») Il y a partout limitation de la liberté. Mais quelle limitation est contraire aux lumières ? Laquelle ne l'est pas, et, au contraire lui est avantageuse ? – Je réponds : l'usage public de notre propre raison doit toujours être libre, et lui seul peut amener les lumières parmi les hommes ; mais son usage privé peut être très sévèrement limité, sans pour cela empêcher sensiblement le progrès des lumières. J'entends par usage public de notre propre raison celui que l'on en fait comme savant devant l'ensemble du public qui lit. J'appelle usage privé celui qu'on a le droit de faire de sa raison dans un poste civil ou une fonction déterminée qui vous sont confiés. Or il y a pour maintes affaires qui concourent à l'intérêt de la communauté un certain mécanisme qui est nécessaire et par le moyen duquel quelques membres de la communauté doivent se comporter passivement afin d'être tournés, par le gouvernement, grâce à une unanimité artificielle, vers des fins publiques ou du moins pour être empêchés de détruire ces fins. Là il n'est donc pas permis de raisonner ; il s'agit d'obéir. Mais, qu'une pièce (élément) de la machine se présente en même temps comme membre d'une communauté, et même de la société civile universelle, en qualité de savant, qui, en s'appuyant sur son propre entendement, s'adresse à un public par des écrits : il peut en tout cas raisonner, sans qu'en pâtissent les affaires auxquelles il est préposé partiellement en tant que membre passif. Il serait très dangereux qu'un officier à qui un ordre a été donné par son supérieur voulût raisonner dans son service sur l'opportunité ou l'utilité de cet ordre ; il doit obéir. Mais si l'on veut être juste, il ne peut lui être défendu, en tant que savant, de faire des remarques sur les fautes en service de guerre et de les soumettre à son public pour qu'il les juge. Le citoyen ne peut refuser de payer les impôts qui lui sont assignés : même une critique impertinente de ces charges, s'il doit les supporter, peut être punie en tant que scandale (qui pourrait occasionner des désobéissances généralisées). Cette réserve faite, le même individu n'ira pas à l'encontre des devoirs d'un citoyen, s'il s'exprime comme savant, publiquement, sa façon de voir contre la maladresse ou même l'injustice de telles impositions. De même un prêtre est tenu de faire l'enseignement à des catéchumènes[1] et à sa paroisse selon le symbole de l'Église qu'il sert, car il a été admis sous cette condition. Mais, en tant que savant, il a pleine liberté, et même plus : il a la mission de communiquer au public toutes ses pensées soigneusement pesées et bien intentionnées sur ce qu'il y a d'incorrect dans ce symbole et de lui soumettre ses projets en vue d'une meilleure organisation de la chose religieuse et ecclésiastique. En cela non plus il n'y a rien qui pourrait être porté à charge à sa conscience. Car ce qu'il enseigne par suite de ses fonctions, comme mandataire de l'Église, il le présente comme quelque chose au regard de quoi il n'a pas libre pouvoir d'enseigner selon son opinion personnelle, mais en tant qu'enseignement qu'il s'est engagé à professer au nom d'une autorité étrangère.

Il dira : « Notre Église enseigne telle ou telle chose. Voilà les arguments dont elle se sert. » Il tirera en cette occasion pour sa paroisse tous les avantages pratiques de propositions auxquelles

1. Personne qui, ayant entendu parler de Jésus-Christ, demande à l'Église de le lui faire connaître et désire devenir chrétien par le baptême.

il ne souscrirait pas en toute conviction, mais qu'il s'est pourtant engagé à exposer parce qu'il n'est pas entièrement impossible qu'il s'y trouve une vérité cachée, et qu'en tout cas, du moins, rien ne s'y trouve qui contredise la religion intérieure. Car, s'il croyait trouver rien de tel, il ne saurait en conscience conserver ses fonctions ; il devrait s'en démettre. Par conséquent l'usage de sa raison que fait un éducateur en exercice devant son assistance est seulement un usage privé, parce qu'il s'agit simplement d'une réunion de famille, si grande que celle-ci puisse être, et, par rapport à elle, en tant que prêtre, il n'est pas libre et ne doit non plus l'être, parce qu'il remplit une fonction étrangère. Par contre, en tant que savant, qui parle par des écrits au public proprement dit, c'est-à-dire au monde, – tel donc un membre du clergé dans l'usage public de sa raison –, il jouit d'une liberté sans bornes d'utiliser sa propre raison et de parler en son propre nom.

Car prétendre que les tuteurs du peuple (dans les affaires spirituelles) doivent être eux-mêmes à leur tour mineurs, c'est là une ineptie, qui aboutit à la perpétuation éternelle des inepties.

Mais une telle société ecclésiastique, en quelque sorte un synode[1] d'Églises, ou une classe de Révérends (comme elle s'intitule elle-même chez les Hollandais[2]), ne devrait-elle pas être fondée en droit à faire prêter serment sur un certain symbole immuable, pour faire peser par ce procédé une tutelle supérieure incessante sur chacun de ses membres, et, par leur intermédiaire, sur le peuple, et pour précisément éterniser cette tutelle ? Je dis que c'est totalement impossible. Un tel contrat, qui déciderait d'écarter pour toujours toute lumière nouvelle du genre humain, est radicalement nul et non avenu ; quand bien même serait-il entériné par l'autorité suprême, par des Parlements, et par les traités de paix les plus solennels. Un siècle ne peut pas se confédérer et jurer de mettre le suivant dans une situation qui lui rendra

1. Assemblée réunie pour l'examen des problèmes de la vie ecclésiale à tous les niveaux. (Dans les Églises orientales, le synode est appelé saint-synode.)
2. Si Kant fait référence aux Hollandais c'est pour éviter la censure. Il vaut mieux parler des protestants hollandais plutôt que de l'Église catholique. Subterfuge utilisé également par Voltaire dans Candide (1759) au chapitre 19, consacré à la dénonciation de l'esclavage, pour critiquer notamment l'intolérance religieuse.

impossible d'étendre ses connaissances (particulièrement celles qui sont d'un si haut intérêt), de se débarrasser des erreurs, et en général de progresser dans les lumières. Ce serait un crime contre la nature humaine, dont la destination originelle consiste justement en ce progrès ; et les successeurs sont donc pleinement fondés à rejeter pareils décrets, en arguant de l'incompétence et de la légèreté qui y présidèrent. La pierre de touche de tout ce qui peut être décidé pour un peuple sous forme de loi tient dans la question suivante : « Un peuple accepterait-il de se donner lui-même pareille loi ? » Éventuellement il pourrait arriver que cette loi fût en quelque manière possible pour une durée déterminée et courte, dans l'attente d'une loi meilleure, en vue d'introduire un certain ordre. Mais c'est à la condition de laisser en même temps à chacun des citoyens, et particulièrement au prêtre, en sa qualité de savant, la liberté de formuler des remarques sur les vices inhérents à l'institution actuelle, et de les formuler d'une façon publique, c'est-à-dire par des écrits, tout en laissant subsister l'ordre établi. Et cela jusqu'au jour où l'examen de la nature de ces choses aurait été conduit assez loin et assez confirmé pour que, soutenu par l'accord des voix (sinon de toutes), un projet puisse être porté devant le trône : projet destiné à protéger les communautés qui se seraient unies, selon leurs propres conceptions, pour modifier l'institution religieuse, mais qui ne contraindrait pas ceux qui voudraient demeurer fidèles à l'ancienne. Mais, s'unir par une constitution durable qui ne devrait être mise en doute par personne, ne fût-ce que pour la durée d'une vie d'homme, et par là frapper de stérilité pour le progrès de l'humanité un certain laps de temps, et même le rendre nuisible pour la postérité, voilà ce qui est absolument interdit.

Un homme peut bien, en ce qui le concerne, ajourner l'acquisition d'un savoir qu'il devrait posséder. Mais y renoncer, que ce soit pour sa propre personne, et bien plus encore pour la postérité, cela s'appelle violer les droits sacrés de l'humanité et les fouler aux pieds. Or, ce qu'un peuple lui-même n'a pas le droit de décider quant à son sort, un monarque a encore bien moins le droit de le faire pour le peuple, car son autorité législative procède justement de ce fait qu'il rassemble la volonté générale du peuple dans la sienne propre. Pourvu seulement qu'il veille à ce que toute amélioration réelle ou supposée se concilie avec l'ordre civil, il peut pour le reste laisser ses sujets faire de leur propre chef ce qu'ils trouvent nécessaire d'accomplir pour le salut de leur âme ; ce n'est pas son affaire, mais il a celle de bien veiller à ce que certains n'empêchent point par la force les autres de travailler à réaliser et à hâter ce salut de toutes leurs forces en leur pouvoir. Il porte même préjudice à sa majesté même s'il s'immisce en cette affaire en donnant une consécration officielle aux écrits dans lesquels ses sujets s'efforcent de tirer leurs vues au clair, soit qu'il le fasse sous sa propre et très haute autorité, ce en quoi il s'expose au grief « César n'est pas au-dessus des grammairiens », soit, et encore plus, s'il abaisse sa suprême puissance assez bas pour protéger dans son État le despotisme clérical et quelques tyrans contre le reste de ses sujets.

Si donc maintenant on nous demande : « Vivons-nous actuellement dans un siècle éclairé ? », voici la réponse : « Non, mais bien dans un siècle en marche vers les lumières. » Il s'en faut encore de beaucoup, au point où en sont les choses, que les humains, considérés dans leur ensemble, soient déjà en état, ou puissent seulement y être mis, d'utiliser avec maîtrise et profit leur propre entendement, sans le secours d'autrui, dans les choses de la religion.

Toutefois, qu'ils aient maintenant le champ libre pour s'y exercer librement, et que les obstacles deviennent insensiblement moins nombreux, qui s'opposaient à l'avènement d'une ère générale des lumières et à une sortie de cet état de minorité dont les hommes sont eux-mêmes responsables, c'est ce dont nous avons des indices certains. De ce point de vue, ce siècle est le siècle des Lumières, ou siècle de Frédéric[1].

Un prince qui ne trouve pas indigne de lui de dire qu'il tient pour un devoir de ne rien prescrire dans les affaires de religion aux hommes, mais de leur laisser en cela pleine liberté, qui par conséquent décline pour son compte l'épithète hautaine de tolérance, est lui-même éclairé : et il mérite d'être honoré par ses

---

1. Roi de Prusse. *Cf.* « Le despotisme éclairé et limité » dans la rubrique « L'œuvre dans son siècle ».

contemporains et la postérité reconnaissante, eu égard à ce que le premier il sortit le genre humain de la minorité, du moins dans un sens gouvernemental, et qu'il laissa chacun libre de se servir en tout ce qui est affaire de conscience, de sa propre raison. Sous lui, des prêtres vénérables ont le droit, sans préjudice des devoirs professionnels, de proférer leurs jugements et leurs vues qui s'écartent du symbole officiel, en qualité d'érudits, et ils ont le droit de les soumettre librement et publiquement à l'examen du monde, à plus forte raison toute autre personne qui n'est limitée par aucun devoir professionnel. Cet esprit de liberté s'étend encore à l'extérieur, même là où il se heurte à des obstacles extérieurs de la part d'un gouvernement qui méconnaît son propre rôle. Cela sert au moins d'exemple à ce dernier pour comprendre qu'il n'y a pas à concevoir la moindre inquiétude pour la durée publique et l'unité de la chose commune dans une atmosphère de liberté. Les hommes se mettent d'eux-mêmes en peine peu à peu de sortir de la grossièreté, si seulement on ne s'évertue pas à les y maintenir.

J'ai porté le point essentiel dans l'avènement des lumières sur celles par lesquelles les hommes sortent d'une minorité dont ils sont eux-mêmes responsables – surtout sur les questions de religion ; parce que, en ce qui concerne les arts et les sciences, nos maîtres n'ont aucun intérêt à jouer le rôle de tuteurs sur leurs sujets ; par-dessus le marché, cette minorité dont j'ai traité est la plus préjudiciable et en même temps la plus déshonorante de toutes. Mais la façon de penser d'un chef d'État qui favorise les lumières va encore plus loin, et reconnaît que, même du point de vue de la législation, il n'y a pas danger à permettre à ses sujets de faire un usage public de leur propre raison et de produire publiquement à la face du monde leurs idées touchant une élaboration meilleure de cette législation même au travers d'une franche critique de celle qui a déjà été promulguée ; nous en avons un exemple illustre, par lequel aucun monarque n'a surpassé celui que nous honorons.

Mais aussi, seul celui qui, éclairé lui-même, ne redoute pas l'ombre (les fantômes), tout en ayant sous la main une armée nombreuse et bien disciplinée pour garantir la tranquillité publique, peut dire ce qu'un État libre ne peut oser : « Raisonnez tant que vous voudrez et sur les sujets qu'il vous plaira, mais obéissez ! »

Ainsi les affaires humaines prennent ici un cours étrange et inattendu : de toute façon, si on considère celui-ci dans son ensemble, presque tout y est paradoxal. Un degré supérieur de liberté civile paraît avantageux à la liberté de l'esprit du peuple et lui impose néanmoins des limites infranchissables ; un degré moindre lui fournit l'occasion de s'étendre de tout son pouvoir. Une fois donc que la nature sous cette rude écorce a libéré un germe, sur lequel elle veille avec toute sa tendresse, c'est-à-dire cette inclination et cette disposition à la libre pensée, cette tendance alors agit graduellement à rebours sur les sentiments du peuple (ce par quoi le peuple augmente peu à peu son aptitude à se comporter en liberté) et pour finir elle agit même en ce sens sur les fondements du gouvernement, lequel trouve profitable pour lui-même de traiter l'homme, qui est alors plus qu'une machine, selon la dignité qu'il mérite.

Dans les *Nouvelles hebdomadaires de Bueschning* du 13 septembre, je lis aujourd'hui 30 du même mois l'annonce de la *Revue mensuelle berlinoise*[1], où se trouve la réponse de M. Mendelssohn[2] à la même question ? Je ne l'ai pas encore eue entre les mains ; sans cela elle aurait arrêté ma présente réponse, qui ne peut plus être considérée maintenant que comme un essai pour voir jusqu'où le hasard peut réaliser l'accord des pensées.

1. *Cf.* « Qu'est-ce que les Lumières ? » dans la rubrique « L'œuvre dans son siècle ».
2. Philosophe allemand. *Cf.* « Les lumières allemandes » dans la rubrique « L'œuvre dans son siècle ».

POUR APPROFONDIR

Clefs d'analyse

Un homme soumis et peureux

Analyser la situation initiale de l'homme

- Comment l'homme est-il défini ? Relever deux défauts majeurs.
- Que craint-il le plus ? Et pourquoi ?
- Quelles sont les raisons pour lesquelles l'homme affectionne sa minorité ?

Relever deux métaphores (paragraphes 2 et 3) significatives

- Que révèlent-elles sur la situation de l'homme ? Est-il libre ?

Le rôle des tuteurs

Analyser l'attitude des tuteurs

- Qui sont ces tuteurs ?
- Comment se comportent-ils ?
- Aident-ils les hommes à atteindre la majorité ?

La métaphore de la marche

Étudier les termes et expressions qui forment cette métaphore (paragraphes 2 et 3)

- À qui Kant compare-t-il l'homme mineur ?
- Comment pourrait-il se sortir de cette situation ? Analyser le rôle de l'entendement (fin du 3e paragraphe)
- Que préconise le philosophe au début du 3e paragraphe ?

À retenir

Il faut distinguer deux états chez l'homme : la minorité et la majorité. C'est à l'homme que revient la responsabilité de se servir de son entendement, d'oser penser par lui-même s'il veut pouvoir marcher vers la lumière et être éclairé. Mais cette tâche n'est pas si aisée dans la mesure où les hommes semblent se complaire à être guidés par autrui, plus précisément par des tuteurs. En apprenant à penser par lui-même, puis en agissant collectivement, l'homme pourra s'extraire de sa minorité.

Clefs d'analyse

Paragraphes 4 et 5

Une réforme publique

Identifier la condition nécessaire à l'homme pour se sortir de sa minorité

- Comment l'homme peut-il accéder aux lumières ? Peut-il agir seul ?
- Quels rôles peuvent jouer les tuteurs éclairés ? Et les tuteurs non éclairés ?

Halte aux préjugés et à la révolution

Analyser l'impact des préjugés (début du 4e paragraphe)

- Pourquoi l'homme doit-il se méfier des préjugés ?

Identifier le vocabulaire politique (fin du 4e paragraphe)

- Comment est présenté le régime politique ?
- Comment doivent se comporter les hommes face à ce régime politique ? Et face à leur condition d'hommes mineurs ?

Une liberté limitée

Analyser la notion de liberté

- Comment Kant présente-t-il la liberté ?
- Quelle distinction majeure fait-il dans l'usage de la raison ?
- Quelles sont les caractéristiques et exemples de chaque usage ?
- Comment l'homme doit-il alors se comporter ?

À retenir

L'homme peut échapper à sa minorité en agissant collectivement. Il doit aussi se laisser guider par des tuteurs éclairés qui lui inculqueront non pas des préjugés, mais l'envie de penser par lui-même. Il faut avant tout que l'homme change sa manière de penser et qu'il se serve de sa liberté d'expression, en faisant un bon usage de sa raison. C'est pourquoi Kant distingue l'usage privé et l'usage public de la raison humaine.

Clefs d'analyse

La question religieuse

Analyser l'exemple du prêtre (paragraphe 6)

- Quels sont les usages de sa raison ? Comment peut-il agir ?
- Montrer que le prêtre est avant tout un éducateur en analysant le vocabulaire.

Identifier le rôle de l'Église (paragraphe 7)

- Quel rôle doit jouer l'Église ? Est-elle l'autorité suprême ?
- Pourquoi ses pouvoirs sont-ils restreints ?
- Pourquoi parler autant de religion ?

La question politique

Étudier le cadre législatif (paragraphe 7)

- Comment doit-on ériger une loi ? Connaît-elle des limites temporelles ?
- Comment Kant définit-il la liberté d'expression ? Quel pouvoir a-t-elle ?

Analyser les comportements du peuple et du roi (paragraphe 8)

- Comment les citoyens doivent-ils agir ? Qu'ont-ils le droit de faire ? De ne pas faire ?
- Comment le roi doit-il se comporter avec ses sujets ?
- Quel régime politique est-il préconisé ?

À retenir

En définissant la liberté d'expression en matière religieuse, Kant montre à quel point ce droit est indispensable à l'homme. Aucune autorité suprême, qu'elle soit religieuse ou politique, ne peut placer sous sa tutelle les hommes et ériger des lois limitées dans le temps. Il faut, au contraire, des règles qui valent pour l'humanité tout entière. Les citoyens doivent se sentir libres de penser et de dire ce qu'ils veulent mais tout en respectant les lois. Et c'est en obéissant aux lois, élaborées par le peuple, que les hommes se sentiront paradoxalement libres.

Clefs d'analyse

Paragraphe 9 à 14

Un siècle des Lumières ? (paragraphes 9 et 10)

Définir le siècle des Lumières

- Comment Kant perçoit-il le XVIIIe siècle ? Comment le nomme-t-il ?
- Montrer qu'il reste encore du chemin à parcourir pour que l'homme atteigne la majorité.
- L'homme est-il maître de son entendement ? Pourquoi ?

L'éloge du despotisme éclairé (paragraphes 11 à 13)

Identifier la figure du despote éclairé

- Comment est représenté le despotisme éclairé ?
- Pourquoi tant de louanges à son égard ? Qu'a fait le despote éclairé pour ses sujets ?

Une liberté sous conditions (paragraphes 11 à 14)

Analyser la liberté des hommes

- Comment se manifeste leur liberté ? Qu'ont-ils le droit de faire ?
- Montrer que la liberté humaine est garantie par le chef de l'État.
- Identifier la devise du monarque. Pourquoi peut-on dire que la liberté des hommes repose sur un paradoxe ?

À retenir

Kant dresse un portrait mélioratif du despotisme éclairé afin de montrer que l'homme vit dans de bonnes conditions pour s'émanciper, en faisant un bon usage de sa raison et être enfin éclairé. La liberté d'expression, bien le plus précieux, lui est accordée, même si c'est sous certaines conditions. Néanmoins, l'homme reste encore timide pour se servir de sa raison ou encore se défaire de la tutelle religieuse. C'est pourquoi, le siècle des Lumières est non pas un siècle éclairé mais un siècle en marche vers le progrès.

Synthèse

(Paragraphes 1 à 5)

Un constat alarmant...

Kant commence par constater la situation dans laquelle se trouve l'homme. Il est, par nature, doté d'une capacité de penser par lui-même, sauf qu'il n'exerce pas son pouvoir par manque de courage et par peur. L'homme ne veut pas être livré à lui-même et préfère donc rester sous la domination d'autrui. Il a l'impression que cet état de soumission est naturel et qu'il n'a pas à s'en détacher. L'homme ne veut pas se responsabiliser et préfère faire ce qu'on lui dit de faire, de dire ce qu'on lui dit de dire. Tant que l'homme ne pensera pas par lui-même, il restera dans une situation de dépendance et ne connaîtra pas la liberté. De plus, il sera en proie aux préjugés, véhiculés par des hommes mal intentionnés. Or ces opinions émises sans aucun esprit critique sont néfastes à l'homme et l'empêcheront de progresser.

... jusqu'au bon usage de la raison...

Si l'homme a peur d'agir seul, il peut néanmoins compter sur le soutien d'autres hommes, qui, déjà éclairés, lui permettront d'accéder à son tour à la lumière. Il suffit à l'homme de faire un bon usage de sa capacité naturelle à penser. Mais il faut bien différencier les deux usages de la raison humaine. Un homme possède un usage public et un usage privé. L'usage public est le fait de s'exprimer librement publiquement, par oral ou par écrit ; ce qui revient à la liberté d'expression. Quant à l'usage privé, il s'agit d'un droit d'expression soumis à certaines conditions. Ces limites sont imposées à l'homme par la fonction, le métier qu'il occupe. Ainsi, les hommes doivent pouvoir s'exprimer librement sans pour autant remettre en cause l'autorité d'un supérieur ou du roi ; il s'agit là de l'usage privé de leur raison. Mais, tout en devant obéissance à cette autorité supérieure, ils ont la possibilité de faire preuve d'une liberté d'expression en usant publiquement de leur raison.

Synthèse (Paragraphes 6 à 14)

... en matière de religion...

Afin de bien illustrer ses propos sur la distinction entre usage public et usage privé de la raison, Kant s'appuie sur la religion, d'autant plus que c'est dans ce domaine que les tuteurs sont les plus nombreux. Ainsi, le prêtre est celui qui représente le mieux cette dualité dans l'emploi de la raison humaine. Son usage privé est limité lorsqu'il s'adresse à ses paroissiens car il est soumis à l'autorité religieuse. Mais devant un public plus large, devant le peuple tout entier, il fait un usage public, donc plus libre, de sa raison. L'homme d'Église est un bon exemple dans la mesure où Kant en fait un éducateur et montre par cette occasion que c'est en partie l'éducation, ce qui est enseigné à l'homme, qui lui permet de progresser afin de s'extraire de sa situation d'ignorance. Cependant, la religion ne peut être suprême, autrement dit, elle ne peut pas être LA référence pour tous les hommes et leur dicter leur manière d'être et de vivre. Cette situation serait une entrave à la liberté humaine.

... et de politique

D'un point de vue gouvernemental, pour que l'homme puisse progresser, il ne faut pas se borner à une époque particulière, mais bien au contraire penser aux générations futures. Les lois doivent être universelles et servir le bien de l'humanité. Ces lois sont des repères pour que les hommes puissent vivre, paradoxalement, le plus librement possible. L'éloge du despote éclairé, Frédéric II, permet à Kant de montrer qu'un roi peut faire, comme ses sujets, un usage limité de sa raison. En outre, il a su préserver la liberté d'expression de l'homme, condition indispensable aux autres libertés individuelles. La censure était ainsi inexistante avec lui. Enfin, le « siècle des Lumières » n'est pas éclairé mais seulement en marche vers le progrès. L'homme ne parvient pas à se libérer de sa tutelle, notamment en matière de religion ; il lui reste donc des étapes à franchir.

Thèmes et concepts

Autorité (latin *auctoritas*) Pouvoir de décider ou de commander, d'imposer ses volontés à autrui.

Au paragraphe 5, Kant fait état d'une **autorité étrangère** en matière de religion. Le prêtre doit transmettre son savoir religieux au nom d'une « autorité étrangère », à savoir, l'autorité de l'Église. Cette autorité est étrangère car il n'enseigne pas en son nom propre. Puis, il fait du pouvoir royal une autorité suprême dans la mesure où c'est le monarque qui gouverne les hommes. Mais ce n'est pas pour autant que le roi a tous les droits. Comme il le dit au paragraphe 7 : « Un tel contrat, qui déciderait d'écarter pour toujours toute lumière nouvelle du genre humain, est radicalement nul et non avenu ; quand bien même serait-il entériné par **l'autorité suprême**. » Car après tout, c'est bien de la « volonté générale » que dépend l'autorité législative comme en témoigne cette citation du paragraphe 8 évoquant le monarque : « [...] son **autorité législative** procède justement de ce fait qu'il rassemble la volonté générale du peuple dans la sienne propre. »

« César n'est pas au-dessus des grammairiens » Métaphore qui permet à Kant d'exprimer l'idée que le monarque, aussi éclairé soit-il, n'a pas à censurer la liberté d'expression et donc à s'immiscer dans les écrits et publications des hommes. Au paragraphe 8, il est dit : « Il porte même préjudice à sa majesté même s'il s'immisce en cette affaire en donnant une consécration officielle aux écrits dans lesquels ses sujets s'efforcent de tirer leurs vues au clair, soit qu'il le fasse sous sa propre et très haute autorité, ce en quoi il s'expose au grief « César n'est pas au-dessus des grammairiens [...] ».

Citoyen (de *cité*) Personne jouissant, dans l'État dont il relève, des droits civils et politiques.

En tant que citoyen l'homme doit respecter les lois de l'État, comme payer ses impôts et se borner à faire uniquement un usage privé de sa raison. Autrement dit, il n'a pas à contester ces charges. Mais ce même homme, en tant que savant, c'est-à-dire en tant qu'homme pouvant dire ouvertement ce qu'il pense, a la possibilité de faire un usage public de sa raison. C'est ce que Kant révèle au paragraphe 5.

Confédérer (se) [bas latin *confoederare*, du latin classique *foedus, -eris*, alliance] Se liguer par confédération, par association d'États pour défendre des intérêts communs.

Au paragraphe 7, Kant écrit : « Un siècle ne peut pas se confédérer et jurer de mettre le suivant dans une situation qui lui rendra impossible d'étendre ses connaissances (particulièrement celles qui sont d'un si haut intérêt), de se débarrasser des erreurs, et en général de progresser dans les lumières. » Autrement dit, un siècle ne peut pas se constituer seulement en fonction de ses propres intérêts, qu'ils soient religieux ou politiques.

Conscience (latin *cum*, avec et *scientia*, science) Connaissance, intuitive ou réflexive immédiate, que chacun a de son existence et de celle du monde extérieur. L'homme qui a conscience de ses actes et de ses pensées est capable de les juger.

Lorsque Kant, au paragraphe 11, parle de « tout ce qui est affaire de conscience », il évoque l'usage que l'homme fait de sa raison, autrement dit, de sa « puissance de bien juger ». Au paragraphe 6, il est question du prêtre qui « ne saurait en conscience conserver ses fonctions ». Kant veut signifier que le prêtre doit, selon les règles de sa conscience, continuer à enseigner à ses paroissiens, même s'il est peu convaincu des propos tenus ; il se doit de le faire en tant qu'homme représentant l'autorité religieuse. Il ne doit pas laisser transparaître ses convictions personnelles.

Despotisme (de *despote*, grec *despotês*, maître) Régime politique dans lequel un seul homme gouverne de façon arbitraire et autoritaire.

Kant nomme ce dernier le **despotisme personnel** au paragraphe 4 ; à distinguer du **despotisme éclairé** qui est une doctrine politique, datant de la philosophie des Lumières, selon laquelle le monarque doit gouverner suivant les limites de la raison en vue du progrès et du bonheur du peuple. C'est ainsi qu'est qualifié le règne de Frédéric II. Quant au **despotisme clérical** du paragraphe 8, il renvoie à l'autorité religieuse qui se comporterait de manière arbitraire et tyrannique en voulant faire de sa seule volonté, une loi. Le despote éclairé est là pour « protéger dans son État le despotisme clérical et quelques tyrans contre le reste de ses sujets ».

Devoir (latin *debere*, « tenir quelque chose de quelqu'un, lui en être redevable) Obligation particulière imposée par la morale, la loi ou les conventions sociales.

Il en est ainsi au paragraphe 5 avec les « devoirs d'un citoyen ». L'homme vivant en société a des obligations envers les autres membres de la communauté et envers les lois. Le roi, lui-même, peut s'imposer des devoirs, comme celui de ne pas interférer dans la sphère religieuse. Au paragraphe 11, Kant écrit : « Un prince qui ne trouve pas indigne de lui de dire qu'il tient pour un devoir de ne rien prescrire dans les affaires de religion aux hommes ». Toujours au même paragraphe, il est question des « devoirs professionnels des prêtres ». Chaque homme, quelle que soit la fonction exercée, se doit de respecter certaines obligations.

Direction (latin *directio, -onis*, ligne droite, de *dirigere*, diriger) Action de diriger. Dans son premier paragraphe, Kant évoque à deux reprises la **direction d'autrui** pour désigner le fait que l'homme mineur aime à se faire diriger par une autre personne. Au paragraphe suivant, il fait mention de la **direction étrangère** dans « La paresse et la lâcheté sont les causes qui expliquent qu'un si grand nombre d'hommes, après que la nature les a affranchis depuis longtemps d'une (de toute) direction étrangère, reste cependant volontiers, leur vie durant, mineurs [...] » pour montrer que cet état de dépendance n'est finalement pas naturelle à l'homme.

Don (latin *donum*) Disposition innée. L'homme est par nature doué de raison ; il est donc capable de juger. Il est également doté d'entendement, il est alors apte à penser librement. C'est ce que Kant désigne par dons naturels.

Au paragraphe 14, l'entendement, don naturel, sera d'ailleurs donné en ces termes « c'est-à-dire cette inclination et cette disposition à la libre pensée ». Mais il faut néanmoins que l'homme sache se servir correctement de ses dons. C'est pourquoi Kant, au paragraphe 3, parle « d'un mauvais usage des dons naturels (d'un mauvais usage raisonnable) [...] ».

Droit (latin *directus*, droit, sans courbure) Ce qui est conforme à une règle morale, sociale.

Ainsi, les « droits sacrés de l'humanité » du paragraphe 8 renvoient aux règles idéales, indépendantes de toute législation, émanant de la nature humaine et conformes à la morale. Toujours dans le même passage, il est question de l'expression **avoir le droit de** : « Or, ce qu'un peuple lui-même n'a pas le droit de décider quant à son sort, un monarque a encore bien moins le droit de le faire pour le peuple, car son autorité législative procède justement de ce fait qu'il rassemble la volonté générale du peuple dans la sienne propre. » Le droit est ici ce qui est permis, toléré dans une collectivité humaine. Quant à l'expression **être fondé en droit**, elle se retrouve au paragraphe précédent avec : « Mais une telle société ecclésiastique, [...] ne devrait-elle pas être fondée en droit à faire prêter serment sur un certain symbole immuable, pour faire peser par ce procédé une tutelle supérieure incessante sur chacun de ses membres, et, par leur intermédiaire, sur le peuple, et pour précisément éterniser cette tutelle ? » Kant émet l'hypothèse selon laquelle l'Église pourrait être « fondée en droit », autrement dit, être liée aux lois d'un point de vue juridique et détenir ainsi un pouvoir suprême qui ferait en sorte qu'elle tienne à jamais sous son autorité les hommes. Or, « un tel contrat, qui déciderait d'écarter pour toujours toute lumière nouvelle du genre humain, est radicalement nul et non avenu », car tout homme a le droit non seulement à la liberté de pensée et de conscience mais aussi à la liberté de religion. Aucune religion ne peut donc lui être imposée, telle une règle juridique.

Thèmes et concepts

Éclairé (latin classique *exclarare*) Doté de raison ; digne d'en faire un bon usage.

Un homme éclairé est un homme dont la raison a été formée grâce à l'éducation et à l'esprit critique, et qui s'en sert raisonnablement. C'est par ce qualificatif qu'il désigne son souverain, Frédéric II. Au paragraphe 11 il est ainsi question d'un « prince [...] éclairé » et cette idée est reprise au paragraphe 13 quand il écrit : « [...] seul celui qui, éclairé lui-même, ne redoute pas l'ombre [...] peut dire ce qu'un État libre ne peut oser : « Raisonnez tant que vous voudrez et sur les sujets qu'il vous plaira, mais obéissez ! » Au paragraphe 9, il est fait mention du « siècle éclairé » qui n'est pourtant pas celui des Lumières, car le XVIIIe siècle n'est finalement qu'en route vers le progrès d'après Kant.

Éducateur (latin *educator*) Personne qui contribue à la formation de quelqu'un.

Le prêtre, par son enseignement religieux, participe à l'éducation de l'homme et l'aide à devenir majeur. Au paragraphe 6, Kant parle du prêtre en ces termes : « Par conséquent l'usage de sa raison que fait un éducateur en exercice devant son assistance est seulement un usage privé. [...] en tant que prêtre, il n'est pas libre et ne doit non plus l'être, parce qu'il remplit une fonction étrangère. » Il poursuit en montrant que le prêtre possède également un usage public de sa raison lorsqu'il fait part à son auditoire de ses écrits.

Et ce qui importe pour Kant c'est d'éduquer l'individu pour en faire un homme libre, en fonction de l'humanité tout entière et non pas en fonction de la société et de son état actuel.

Enseignement (de *enseigner*, latin populaire *insignare*, du latin classique *insignire*, signaler) Action de transmettre des connaissances.

Si Kant emploie ce mot à cinq reprises entre la fin du paragraphe 5 et le début du suivant, c'est pour insister sur le rôle de l'éducation dans la formation d'un homme. Ainsi, le prêtre, en tant que représentant de l'ordre religieux, enseigne mais sans pour autant détenir tous les droits ; sa liberté d'expression est limitée comme celle du simple citoyen, par la distinction entre l'usage privé et l'usage public de sa raison. Le prêtre est vu par Kant comme un pédagogue qui enseigne à ses paroissiens au nom de l'Église et non pas en son nom personnel. C'est pourquoi en tant qu'enseignant, remplissant une fonction particulière dépendante de l'Église, il fait un usage privé de sa raison alors que, en tant que savant, il en fait un usage public. Kant écrit ainsi : « Car ce qu'il enseigne par suite de ses fonctions, comme mandataire de l'Église, il le présente comme quelque chose au regard de quoi il n'a pas libre pouvoir d'enseigner selon son opinion personnelle, mais en tant qu'enseignement qu'il s'est engagé à professer au nom d'une autorité étrangère. »

Entendement (latin *intendere*, tendre vers ; être attentif à, d'où « entendre » dans le sens de « comprendre ») Faculté de compréhension et de connaissance.

Ici, l'entendement concerne surtout le « pouvoir de penser » dans la mesure où Kant met un point d'honneur à montrer que l'homme se doit de « se servir de son entendement », à savoir, de penser par lui-même. L'entendement est à distinguer de la raison. Ainsi, l'entendement coordonne les données de l'expérience tandis que la raison, indépendante de toute expérience, les interprète.

État (bas latin *status*, forme de gouvernement) Société politique régie par des règles de droit et des pouvoirs (législatif, exécutif et judiciaire). Le roi possède le pouvoir exécutif, le pouvoir législatif revient au peuple comme indiqué au paragraphe 8 : « [...] car son autorité législative [au prince] procède justement de ce fait qu'il rassemble la volonté générale du peuple dans la sienne propre. » De plus au paragraphe 12, Kant évoque le **chef d'État** en ces termes : « Mais la façon de penser d'un chef d'État qui favorise les Lumières va encore plus loin, et reconnaît que, même du point de vue de la législation, il n'y a pas danger à permettre à ses sujets de faire un usage public de leur propre raison et de produire publiquement à la face du monde leurs idées touchant une élaboration meilleure de cette législation même au travers d'une franche critique de celle qui a déjà été promulguée. » Le peuple a donc son mot à dire quant aux lois.

Kant, oppose le despotisme éclairé à la tête duquel se trouve un chef d'État digne de ce nom à un **État libre** qui ne comporterait pas d'autorité souveraine et éclairée et qui serait alors incapable de laisser ses citoyens raisonner librement. C'est ainsi qu'il est dit au paragraphe 13 : « [...] seul celui qui, éclairé lui-même, ne redoute pas l'ombre (les fantômes), tout en ayant sous la main une armée nombreuse et bien disciplinée pour garantir la tranquillité publique, peut dire ce qu'un État libre ne peut oser : « Raisonnez tant que vous voudrez et sur les sujets qu'il vous plaira, mais obéissez ! »

Fonction (latin *functio, -onis*, de *fungi*, s'acquitter) Exercice d'une charge, d'un emploi.

Le prêtre a des « fonctions », à savoir des missions, qui lui sont propres en tant qu'homme d'Église et il ne peut pas faire ce qu'il veut. Il a un rôle à tenir que l'Église lui a confié. Au paragraphe 6, Kant précise qu'il s'agit d'une **fonction étrangère** quand il écrit que « l'usage de sa raison que fait un éducateur en exercice devant son assistance est seulement un usage privé, parce qu'il s'agit simplement d'une réunion de famille, si grande que celle-ci puisse être, et, par rapport à elle, en tant que prêtre, il n'est pas libre et ne doit non plus l'être, parce qu'il remplit une fonction étrangère ». Au paragraphe précédent, le philosophe précisait : « J'appelle usage privé celui qu'on a le droit de faire de sa raison dans un poste civil ou une fonction déterminée qui vous sont confiés. »

Humanité (latin *humanitas, -atis*, de *humanus*, humain) Ensemble des caractéristiques propres à l'espèce humaine et se distinguant de l'espèce animale.

Chez Kant, il s'agit d'une valeur absolue, d'un idéal de la raison. Ainsi, les hommes doivent avant tout penser au bien de l'humanité.

Il est dès lors interdit de se borner à une époque donnée car cela irait à l'encontre du progrès de la **nature humaine** ; tout doit être conçu en vue d'un bien commun, de génération en génération. Ainsi, Kant écrit au paragraphe 7 : « [...] s'unir par une constitution durable qui ne devrait être mise en doute par personne, ne fût-ce que pour la durée d'une vie d'homme, et par là frapper de stérilité pour le progrès de l'humanité un certain laps de temps, et même le rendre nuisible pour la postérité, voilà ce qui est absolument interdit. » Quant au paragraphe 2, il est fait mention des « tuteurs qui très aimablement (par bonté) ont pris sur eux d'exercer une haute direction sur l'humanité ». Au paragraphe 8, il est question des « droits sacrés de l'humanité », à savoir, qu'il est impératif que chaque individu pense aux autres tout en pensant à lui-même comme le souligne Kant : « Un homme peut bien, en ce qui le concerne, ajourner l'acquisition d'un savoir qu'il devrait posséder. Mais y renoncer, que ce soit pour sa propre personne, et bien plus encore pour la postérité, cela s'appelle violer les droits sacrés de l'humanité. » L'homme n'est pas un moyen au service d'une fin et il est important de respecter la **dignité humaine**, qui vaut pour autrui comme pour soi-même. C'est au paragraphe 14 que le mot « dignité » renvoie implicitement à la dignité humaine. Kant, en défendant des valeurs telles que l'indépendance, la liberté et la grandeur de l'homme, se bat contre les dogmes religieux ou les oppressions politiques qui ne font pas honneur à la nature humaine.

Inclination (latin *inclinatio, -onis*) Disposition naturelle qui porte quelqu'un vers quelque chose. Au paragraphe 14, il est question de « cette inclination et cette disposition à la libre pensée » qui montre que l'homme est destiné naturellement à penser, à s'exprimer ; faut-il encore qu'il le fasse.

« Instruments mécaniques de l'usage de la parole » Avec cette expression du paragraphe 3, Kant fait référence aux « préceptes » et « formules » qui sont proférés mécaniquement, à savoir sans jugement, sans esprit critique, autrement dit aux préjugés. Il les compare même aux « grelots que l'on a attachés au pied d'une minorité qui persiste ». En effet, si les hommes ne peuvent sortir de leur minorité c'est non seulement parce qu'ils ont peur de faire usage de leur liberté de penser, mais aussi parce que certaines personnes mal intentionnées préfèrent les laisser dans l'ignorance par le biais des préjugés.

Liberté (latin *libertas, -atis*, de *liber*, libre) État de celui qui n'est pas esclave mais connaît une condition libre.

Chez les philosophes des Lumières, droit naturel défini comme « le plus grands de tous les biens » qui va de pair avec la Raison car un être raisonnable est un être libre.

Un homme libre est, pour Kant, un homme éclairé, délivré de tous préjugés et qui est l'unique cause de ses actions. Celui qui aura la volonté de se servir de son propre entendement sera libre. Kant met un point d'honneur à montrer l'importance de la **liberté d'expression**, fondement de toutes les autres libertés. La liberté d'expression est ici définie par l'usage public que tout homme peut faire de sa raison. Elle est donc liée à sa liberté de penser mais aussi d'écrire et de publier. Ainsi « en tant que savant, qui parle par des écrits au public proprement dit, c'est-à-dire au monde, – tel donc un membre du clergé dans l'usage public de sa raison – il jouit d'une liberté sans bornes d'utiliser sa propre raison et de parler en son propre nom », dit Kant au paragraphe 6. Idée reprise au paragraphe suivant et au paragraphe 11 avec : « des prêtres vénérables ont le droit, sans préjudice des devoirs professionnels, de proférer leurs jugements et leurs vues qui s'écartent du symbole officiel, en qualité d'érudits, et ils ont le droit de les soumettre librement et publiquement à l'examen du monde. » Dans le même passage, Kant nous montre que le monarque doit laisser ses sujets libres en matière de religion : « Un prince qui ne trouve pas indigne de lui de dire qu'il tient pour un devoir de ne rien prescrire dans les affaires de religion aux hommes, mais de leur laisser en cela pleine liberté [...] est lui-même éclairé. » Il règne ainsi ce que Kant nomme un **esprit de liberté** ou encore une **atmosphère de liberté**. Au paragraphe 14, il est question de la **liberté civile** face à **l'esprit**

de liberté : « Un degré supérieur de liberté civile paraît avantageux à la liberté de l'esprit du peuple et lui impose néanmoins des limites infranchissables ; un degré moindre lui fournit l'occasion de s'étendre de tout son pouvoir. »

Limitation (latin *limitatio, -onis*) Action de fixer des limites, des restrictions.

Ce que Kant montre c'est qu'il n'existe pas de vraie liberté sans limites. C'est pourquoi il se demande au paragraphe 5 : « Il y a partout limitation de la liberté. Mais quelle limitation est contraire aux lumières ? Laquelle ne l'est pas, et, au contraire lui est avantageuse ? » La **limite** est, pour lui, fixée par l'usage privé que l'homme fait de sa raison et elle est bénéfique à l'homme qui veut progresser, sortir de son ignorance. Et il ne conçoit pas la liberté d'esprit de l'homme sans ces bornes, comme il le souligne au paragraphe 14 : « Un degré supérieur de liberté civile paraît avantageux à la liberté de l'esprit du peuple et lui impose néanmoins des limites infranchissables. »

Loi (latin *lex, legis*, loi) Règle prescrite par une autorité souveraine en vue de régir les relations entre les hommes vivant au sein d'une société. Elle doit être l'expression de la volonté générale.

Kant insiste sur la relation étroite entretenue entre les citoyens et la législation au paragraphe 7 en employant le mot « loi » à 4 reprises dans : « La pierre de touche de tout ce qui peut être décidé pour un peuple sous forme de loi tient dans la question suivante : « Un peuple accepterait-il de se donner lui-même pareille loi ? » Éventuellement il pourrait arriver que cette loi fût en quelque manière possible pour une durée déterminée et courte, dans l'attente d'une loi meilleure, en vue d'introduire un certain ordre. »

Lumière (latin ecclésiastique *luminaria*, du latin classique *lumen, -inis*) Éclaircissement. Connaissance.

Dans ce texte, il s'agit du fait d'utiliser à bon escient sa raison. Ainsi, au paragraphe 4 Kant parle de « ses tuteurs incapables eux-mêmes de toute lumière » pour désigner les personnes chargées d'une tutelle qui ne font pas un bon usage de leur raison. Au paragraphe 7, il poursuit avec : « Un tel contrat, qui déciderait d'écarter pour toujours toute lumière nouvelle du genre humain, est radicalement nul et non avenu. »

Quant aux **Lumières**, elles désignent d'une part le progrès dans « Aussi un public ne peut-il parvenir que lentement aux lumières » au paragraphe 4. Les hommes sont encore dans l'obscurité de l'ignorance et n'ont pas été éclairés à la lumière de leur raison car à la question « Vivons-nous actuellement dans un siècle éclairé ? » du paragraphe 9, il répond : « Non, mais bien dans un siècle en marche vers les Lumières. » Les hommes n'ont pas encore atteint « l'avènement d'une ère générale des lumières « (paragraphe 10) car il s'agit d'un long et difficile parcours. Kant ajoute l'idée qu'il faut être libre pour y accéder, comme le montre cette citation du paragraphe 5 : « Or, pour ces lumières, il n'est rien requis d'autre que la liberté ; et à vrai dire la liberté la plus inoffensive de tout ce qui peut porter ce nom, à savoir celle de faire un usage public de sa raison dans tous les domaines. » D'autre part, elles font référence au XVIIIe siècle dans le paragraphe 1 avec : « Voilà la devise des Lumières. »

Machine (latin *machina*, du grec *mêkhanê*, engin) Personne dont l'action est automatique, et qui semble, plus particulièrement dans ce texte, dénuée de sa capacité de penser. Il s'agit d'un être passif, contrairement à l'homme qui pense, qui s'exprime, qui raisonne, l'homme actif et digne d'être respecté. Cette idée est soumise au paragraphe 14 lorsqu'il est dit que le gouvernement « trouve profitable pour lui-même de traiter l'homme, qui est alors plus qu'une machine, selon la dignité qu'il mérite ». Cette idée de passivité est reprise au paragraphe 5 avec **membre passif** quand Kant évoque le citoyen, en tant que personne exerçant une fonction déterminée, et ne faisant qu'un usage limité de sa raison. « Mais, qu'une pièce (élément) de la machine [ici dans le sens de société] se présente en même temps comme membre d'une communauté, et même de la société civile universelle, en qualité de savant, qui, en s'appuyant sur son propre entendement, s'adresse à un public par des écrits : il peut en tout cas raisonner, sans qu'en pâtissent les affaires auxquelles il est préposé partiellement en tant que membre passif. »

Majorité (anglais *majority*) Selon Kant, état de l'homme qui se gouverne lui-même, qui ose penser et prendre des décisions en se libérant de la tutelle d'autrui.

Au paragraphe 2, il est dit que les hommes ont peur de franchir les étapes qui les conduiront à leur majorité : « Que la grande majorité des hommes (y compris le sexe faible tout entier) tienne aussi pour très dangereux ce pas en avant vers leur majorité, outre que c'est une chose pénible... ». À noter que le mot « majorité » n'apparaît qu'à deux reprises dans le texte au lieu de onze pour « minorité ». Ce qui renforce le fait que l'homme a des difficultés à se diriger vers sa majorité.

Minorité (anglais *minority*) Selon Kant, état de l'homme qui ne fait pas usage de son entendement, qui n'ose pas penser par lui-même, préférant être guidé par un autre homme en restant sous sa tutelle.

L'homme mineur est donc celui qui n'a pas atteint la maturité intellectuelle qui lui permet de sortir de l'ignorance ; il manque d'éducation et c'est pourquoi Kant assimile la minorité à « de la grossièreté » au paragraphe 11. Le texte commence par définir l'homme mineur au paragraphe 1 en insistant sur la responsabilité de chaque individu puisqu'il est écrit : « minorité dont il est lui-même responsable ». Cette idée sera reprise aux paragraphes 10 et 12. Puis, cette situation est complexe car elle est ancrée en l'homme et il n'est pas si aisé de s'en détacher. Au paragraphe 3, il faut relever les phrases suivantes : « Il est donc difficile pour chaque individu séparément de sortir de la minorité » et « Aussi sont-ils peu nombreux, ceux qui sont arrivés par le propre travail de leur esprit à s'arracher à la minorité et à pouvoir marcher d'un pas assuré. » Au paragraphe 11, Kant fait mention du « prince » qui, le premier, « sortit le genre humain de la minorité ».

Nature (latin *natura*, de *nasci*, naître) Ensemble formé par les règnes animal, minéral et végétal, régi par des lois générales. Il s'agit du monde physique, de l'ensemble des choses et des êtres, de la réalité. La nature est bénéfique car elle est liée à la libération de l'homme, comme il est dit au paragraphe 2 avec : « la nature les [les hommes] a affranchis depuis longtemps d'une (de toute) direction étrangère » et au paragraphe 14 dans : « [...] la nature sous cette rude écorce a libéré un germe. » Mais ce qui est naturel peut aussi renvoyer à ce qui est inné chez l'homme comme au paragraphe 3 : « Il est donc difficile pour chaque individu séparément de sortir de la minorité qui est presque devenue pour lui, nature. » L'être humain pense à tort que son état de minorité est naturel. Kant emploie aussi l'expression **nature humaine** au paragraphe 7 pour désigner l'ensemble des caractères spécifiques qui définissent un être comme conforme à l'espèce humaine ; ce qui est commun à tous les individus.

Obéir (latin *oboedire*, de *audire*, écouter) Se soumettre à la volonté de quelqu'un, à un règlement, exécuter un ordre.

Kant oppose ce verbe à « raisonner » dans les exemples suivants du paragraphe 5 : « Là il n'est donc pas permis de raisonner ; il s'agit d'obéir » et « Il serait très dangereux qu'un officier à qui un ordre a été donné par son supérieur voulût raisonner dans son service sur l'opportunité ou l'utilité de cet ordre ; il doit obéir. » Au paragraphe 13, le leitmotiv du monarque est bien « Raisonnez tant que vous voudrez et sur les sujets qu'il vous plaira, mais obéissez ! »

Oppression (latin *oppressio, -onis*) Fait de soumettre quelqu'un à un pouvoir tyrannique et violent, l'écraser sous une autorité excessive, répressive. Kant, au paragraphe 4, parle **d'oppression intéressée ou ambitieuse** dans : « Une révolution peut bien entraîner une chute du despotisme personnel et de l'oppression intéressée ou ambitieuse (cupide et autoritaire), mais jamais une vraie réforme de la méthode de penser [...] ». Il s'agit de ce qu'un despote fait lorsqu'il soumet ses sujets à son autorité tyrannique. Il est donc question d'un égoïsme pur dans la mesure où il ne pense qu'à lui alors que le despote éclairé saura agir en fonction du bonheur du peuple, en vue du progrès. Les adjectifs « cupide », signifiant avide d'argent et « autoritaire » achèvent de dresser un portrait dépréciatif de ce genre de souverain. C'est une manière pour Kant de mieux faire l'éloge de Frédéric II, digne représentant du despotisme éclairé.

Ordre (latin *ordo, -inis*) Acte par lequel une autorité supérieure manifeste sa volonté à l'égard de quelqu'un, d'un groupe ; injonction, directive.

Le mot « ordre » est, dans ce sens, associé au verbe « obéir » comme dans cette phrase du paragraphe 5 : « Il serait très dangereux qu'un officier à qui un ordre a été donné par son supérieur voulût raisonner dans son service sur l'opportunité ou l'utilité de cet ordre ; il doit obéir. »

Mais le mot « ordre » peut également signifier : disposition organisée veillant au bon fonctionnement ; comme au paragraphe 7 : « Éventuellement il pourrait arriver que cette loi fût en quelque manière possible pour une durée déterminée et courte, dans l'attente d'une loi meilleure, en vue d'introduire un certain ordre. » Quant à **l'ordre établi,** il se réfère à l'organisation de la société. Ainsi, au paragraphe 7 Kant évoque le fait qu'un prêtre puisse dire ce qu'il pense publiquement sans pour autant troubler l'organisation sociale. Au paragraphe suivant, cette idée est reprise avec l'expression ordre civil dans « Pourvu seulement qu'il [le monarque] veille à ce que toute amélioration réelle ou supposée se concilie avec l'ordre civil ».

Postérité (latin *posteritas, -atis*) Suite des générations futures.

Kant insiste sur l'idée qu'il faut que les hommes, quoi qu'ils fassent, pensent aux générations à venir car il faut agir en fonction de l'humanité. Ainsi, au paragraphe 7, il écrit : « Mais, s'unir par une constitution durable qui ne devrait être mise en doute par personne, ne fût-ce que pour la durée d'une vie d'homme, et par là frapper de stérilité pour le progrès de l'humanité un certain laps de temps, et même le rendre nuisible pour la postérité, voilà ce qui est absolument interdit. » Dans ce texte, chaque emploi du mot « postérité » est d'ailleurs associé au terme « humanité ». Au paragraphe 8, il est dit : « Un homme peut bien, en ce qui le concerne, ajourner l'acquisition d'un savoir qu'il devrait posséder. Mais y renoncer, que ce soit pour sa propre personne, et bien plus encore pour la postérité, cela s'appelle violer les droits sacrés de l'humanité et les fouler aux pieds. » Enfin, au paragraphe 11, en parlant du prince éclairé, autrement dit Frédéric II, Kant souligne qu'il « mérite d'être honoré par ses contemporains et la postérité reconnaissante, eu égard à ce que le premier il sortit le genre humain de la minorité ».

Pouvoir (latin populaire **potere*, du latin classique *posse*)

Capacité de faire quelque chose. Ce sens se retrouve au paragraphe 1 lorsque Kant définit l'entendement en ces termes : « pouvoir de penser ». Le philosophe insistera d'ailleurs sur l'idée que l'homme possède cette capacité, qu'elle est innée chez lui, mais qu'il est réticent à l'utiliser ; ce pourquoi il restera dans l'ignorance.

Puissance particulière. La phrase du paragraphe 14 atteste ce sens avec : « Un degré supérieur de liberté civile paraît avantageux à la liberté de l'esprit du peuple et lui impose néanmoins des limites infranchissables ; un degré moindre lui fournit l'occasion de s'étendre de tout son pouvoir. » Il ne faut pas trop restreindre la liberté de l'homme sinon ce dernier se rebellera en faisant état de sa puissance.

L'idée de la liberté associée à celle du pouvoir se retrouve avec l'expression libre pouvoir au paragraphe 5 : « Car ce qu'il enseigne par suite de ses fonctions, comme mandataire de l'Église, il le présente comme quelque chose au regard de quoi il n'a pas libre pouvoir d'enseigner selon son opinion personnelle, mais en tant qu'enseignement qu'il s'est engagé à professer au nom d'une autorité étrangère. » Quand un homme exerce un métier, il n'a pas tous les droits ; il ne peut donc pas s'exprimer librement et en son nom, il doit seulement parler au nom de la fonction exercée.

Préjugé (latin *praejudicatum*) Jugement formé à l'avance, sans prendre la peine de faire un examen critique préalable.

Pour Kant, les préjugés sont véhiculés par des hommes mal intentionnés qui ne veulent pas que les autres hommes sortent de leur ignorance. Le préjugé est opposé au jugement libre, au fait que l'homme puisse penser par lui-même. Au paragraphe 4, le penseur montre que laisser l'homme en proie aux opinions préconçues n'est pas lui rendre service, bien au contraire. Ainsi il écrit : « tant il est préjudiciable d'inculquer des préjugés » ou encore « de nouveaux préjugés surgiront qui serviront, aussi bien que les anciens de lisière à la grande masse privée de pensée ».

Prince (latin *princeps, -ipis*, premier) Celui qui possède une souveraineté. Au paragraphe 11, Kant désigne en ces termes Frédéric II : « Un prince qui ne trouve pas indigne de lui de dire qu'il tient pour un devoir de ne rien prescrire dans les affaires de religion aux hommes [...] est lui-même éclairé ». Il est fait mention de ce roi despotique mais éclairé au paragraphe 5 : « Il n'y a qu'un seul maître au monde qui dise "Raisonnez autant que vous voudrez et sur tout ce que vous voudrez, mais obéissez !" Puis Kant emploie le mot « monarque », qui définit le chef d'État d'une monarchie, dans les exemples suivants : « Or, ce qu'un peuple lui-même n'a pas le droit de décider quant à son sort, un monarque a encore bien moins le droit de le faire pour le peuple » au paragraphe 8 et au paragraphe 12 dans « [...] nous en avons un exemple illustre, par lequel aucun monarque n'a surpassé celui que nous honorons. » L'expression « chef d'État » est d'ailleurs présente au paragraphe 12 dans « la façon de penser d'un chef d'État qui favorise les Lumières ». Toutes ces dénominations permettent à Kant de prolonger l'éloge qu'il fait du roi de Prusse.

Progrès (latin *progressus*, de *progredi*, avancer) Fait d'aller vers un degré supérieur, de s'étendre, de s'accroître par étapes.

Au paragraphe 5, il est question du « progrès des Lumières ». Les Lumières ne représentent donc pas le progrès en lui-même mais sont bien en passe de le faire. L'idée de progrès est reliée à celle d'humanité car le progrès peut aussi être défini comme une évolution régulière de l'humanité, de la civilisation vers un but idéal. Au paragraphe 7, Kant écrit donc : « Ce serait un crime contre la nature humaine, dont la destination originelle consiste justement en ce progrès [...] » ou encore « [...] s'unir par une constitution durable qui ne devrait être mise en doute par personne, ne fût-ce que pour la durée d'une vie d'homme, et par là frapper de stérilité pour le progrès de l'humanité un certain laps de temps, et même le rendre nuisible pour la postérité, voilà ce qui est absolument interdit ».

Public (latin *publicus*) **n.** Ensemble des hommes, des citoyens.

Kant montre que l'homme ne doit pas sortir de son état de minorité de manière individuelle mais, au contraire, collective. C'est ensemble que les hommes pourront accéder à la majorité même si cela est difficile, comme le souligne cette phrase du paragraphe 4 : « Aussi un public ne peut-il parvenir que lentement aux lumières. » Les hommes peuvent, dans l'usage public de leur raison s'adresser à tous les hommes, à un public « Mais, en tant que savant, il [l'homme] a pleine liberté, et même plus : il a la mission de communiquer au public toutes ses pensées » (paragraphe 5).

Public, publique (latin *publicus*) **adj.** Qui est manifeste, notoire, qui n'a pas un caractère privé.

Kant emploie les expressions « usage public » ou encore « façon publique » pour désigner les écrits des « savants » qui sont montrés à tout le monde et non réservés à des initiés. Ainsi, il faut « faire un usage public de sa raison dans tous les domaines » et cet « usage public de notre propre raison doit toujours être libre » (paragraphe 5). Au même endroit, une phrase résume parfaitement les deux emplois du mot « public » : « J'entends par usage public de notre propre raison celui que l'on en fait comme savant devant l'ensemble du public qui lit. »

Raison (latin *ratio*, calcul, compte) Faculté guidant l'homme dans sa volonté de connaître ; elle commande la pensée, le langage et la moralité.

La raison est la « puissance de bien juger ». Elle a un **usage public** qui consiste en une expression libre et publique : « J'entends par usage public de notre propre raison celui que l'on en fait comme savant devant l'ensemble du public qui lit. », écrit-il au paragraphe 5. Tout homme raisonnable peut ainsi dire ou écrire publiquement ce qu'il pense. L'usage public de la raison renvoie donc à la liberté d'expression, la liberté de publication. La raison a aussi un **usage privé** permettant de s'exprimer dans certaines limites, comme celles d'un métier, d'une fonction : « J'appelle usage privé celui qu'on a le droit de faire de sa raison dans un poste civil ou une fonction déterminée qui vous sont confiés », poursuit-il. Les limites sont faites pour que l'homme ne remette pas en cause sa mission, l'ordre qui lui a été donné.

Religion (latin *religio*) Ensemble déterminé de croyances et de dogmes définissant le rapport de l'homme avec le sacré.

Kant évoque la **religion intérieure** au paragraphe 6 : « Il tirera en cette occasion pour sa paroisse tous les avantages pratiques de propositions auxquelles il ne souscrirait pas en toute conviction, mais qu'il s'est pourtant engagé à exposer parce qu'il n'est pas entièrement impossible qu'il s'y trouve une vérité cachée, et qu'en tout cas, du moins, rien ne s'y trouve qui contredise la religion intérieure. » Cette expression se réfère à la croyance individuelle relevant de la raison et obéissant aux lois morales. Elle est fondée sur le sens du Bien, inné en chaque être humain car inscrit dans sa raison. Elle est à distinguer de la religion extérieure, la religion d'Église fondée sur la révélation, instituée et reposant sur des cultes. Cette dernière n'est d'ailleurs, pour Kant, qu'un moyen, et non une fin, pour réaliser la religion intérieure, encore appelée, « religion de raison ». C'est sur cette conviction de posséder une libre volonté orientée vers le Bien, que l'homme fonderait son humanité. À noter que cette religion de raison s'oppose donc à la religion traditionnelle, qui, selon Kant, relève du symbole.

Révolution (latin *revolutio*, de *revolvere*, ramener en arrière) Changement brusque et violent dans la structure politique et sociale d'un État, qui se produit quand un groupe se révolte contre les autorités en place et prend le pouvoir.

Pour Kant, le peuple n'a pas à se soulever, à se rebeller ; cela ne lui servirait à rien personnellement. De plus, même si une révolution renverse un despote, un autre peut surgir par la suite. Par contre, il se doit en tant qu'être raisonnable de modifier sa manière de penser. C'est ce qui est précisé au paragraphe 4 dans : « Une révolution peut bien entraîner une chute du despotisme personnel et de l'oppression intéressée ou ambitieuse (cupide et autoritaire), mais jamais une vraie réforme de la méthode de penser [...] ».

Savant (ancien participe présent de *savoir*) Personne ayant des connaissances étendues dans divers domaines ou dans une discipline particulière.

Le savant désigne pour Kant l'homme qui est capable de juger et de savoir en tant qu'il est un être raisonnable, doté de raison. Il fait part de ses pensées à son public en les exprimant ouvertement ou en les publiant. C'est en tant que « savant » que l'homme fait un usage public de sa raison. Ainsi, au paragraphe 5, en tant que savant l'homme a le droit d'émettre des jugements négatifs sur ses impôts mais en tant que citoyen il doit les payer sans rien dire. Le prêtre est lui aussi considéré comme un « savant » au paragraphe 6 : « Par contre, en tant que savant, qui parle par des écrits au public proprement dit, c'est-à-dire au monde, – tel donc un membre du clergé dans l'usage public de sa raison – il jouit d'une liberté sans bornes d'utiliser sa propre raison et de parler en son propre nom. »

Société (latin *societas*) Ensemble d'êtres humains vivant en groupe organisé.

Au paragraphe 7, Kant évoque la « société ecclésiastique » pour désigner l'ensemble des hommes d'Église. Ce qui importe, c'est que l'homme est un citoyen, appartenant à un État, à une société mais faisant avant tout partie de l'humanité, autrement nommée la **société civile universelle** au paragraphe 5 dans : « qu'une pièce (élément) de la machine se présente en même temps comme membre d'une communauté, et même de la société civile universelle [...] ».

Sujet (latin *subjectum*, ce qui est subordonné) Membre d'un État soumis à l'autorité d'un souverain.

Les hommes gouvernés par Frédéric II sont des sujets, comme il est dit dans les exemples suivants : « [...] il [monarque] peut pour le reste laisser ses sujets faire de leur propre chef ce qu'ils trouvent nécessaire d'accomplir pour le salut de leur âme [...] » au paragraphe 8 et au paragraphe 12 : « [...] il n'y a pas danger à permettre à ses sujets de faire un usage public de leur propre raison [...] ».

Symbole (latin *symbolum*, du grec *sumbolon*, signe) En matière de religion, le symbole renvoie à un formulaire abrégé de la foi chrétienne.

Dans le texte, ce terme est toujours employé lorsque Kant fait référence aux hommes d'Église. Au paragraphe 5, il est écrit : « De même un prêtre est tenu de faire l'enseignement à des catéchumènes et à sa paroisse selon le symbole de l'Église [...] » ou encore « Mais, en tant que savant, il a pleine liberté, et même plus : il a la mission de communiquer au public toutes ses pensées soigneusement pesées et bien intentionnées sur ce qu'il y a d'incorrect dans ce symbole [...] ». Il en est aussi question au paragraphe 7 avec « Mais une telle société ecclésiastique, en quelque sorte un synode d'Églises, ou une classe de Révérends (comme elle s'intitule elle-même chez les Hollandais), ne devrait-elle pas être fondée en droit à faire prêter serment sur un certain symbole immuable […] » et au paragraphe 11 dans « des prêtres vénérables ont le droit, sans préjudice des devoirs professionnels, de proférer leurs jugements et leurs vues qui s'écartent du symbole officiel, en qualité d'érudits […] ».

Il faut spécifier que, pour Kant, le symbole relève de la religion traditionnelle qu'il oppose à la religion intérieure, guidée par la foi en la raison humaine.

Tolérance (latin *tolerantia*) En religion, respect de la liberté de conscience et ouverture d'esprit à l'égard de ceux qui professent une religion ou des doctrines religieuses différentes.

Définition qui est bien de mise au paragraphe 11 dans la phrase suivante : « Un prince qui ne trouve pas indigne de lui de dire qu'il tient pour un devoir de ne rien prescrire dans les affaires de religion aux hommes, mais de leur laisser en cela pleine liberté, qui par conséquent décline pour son compte l'épithète hautaine de tolérance, est lui-même éclairé […] ».

Tuteur (latin *tutor*, *-trix*) Personne chargée d'une tutelle.

Personne faisant état d'une étroite dépendance envers les hommes ne se servant pas de leur entendement comme il est dit dès le paragraphe 2 : « qu'il soit facile à d'autres de se poser en tuteur des premiers. » L'homme mineur est ainsi soumis à l'autorité d'un tuteur. Il existe des tuteurs éclairés, « les tuteurs qui très aimablement (par bonté) ont pris sur eux d'exercer une haute direction sur l'humanité » (paragraphe 2) qui font un usage raisonné de leur entendement et des « tuteurs incapables eux-mêmes de toute lumière » (paragraphe 4). Si les tuteurs sont nombreux dans les affaires religieuses, il n'en reste pas moins qu'« en ce qui concerne les arts et les sciences, nos maîtres n'ont aucun intérêt à jouer le rôle de tuteurs sur leurs sujets ».

Tyran (latin *tyrannus*, du grec *turannos*) Souverain despotique, injuste, cruel. Kant écrit à la fin du paragraphe 8 : « […] il [le monarque] abaisse sa suprême puissance assez bas pour protéger dans son État le despotisme clérical et quelques tyrans contre le reste de ses sujets. » Cette phrase permet de montrer que le monarque dont il est question, Frédéric II, chef éclairé, est bien à distinguer de l'image du tyran.

Unanimité (latin *unanimitas*) Accord complet des opinions, des intentions.

Un gouvernement doit faire en sorte que tous les hommes agissent pour le bien de tous en accordant leurs opinions. Néanmoins, Kant évoque au paragraphe 5 une **unanimité artificielle** pour spécifier que cette volonté collective n'émane pas du peuple lui-même mais qu'elle est imposée par une autorité lui étant supérieure.

Volonté (latin *voluntas, -atis*) Faculté de déterminer librement ses actes en fonction de motifs rationnels ; pouvoir de faire ou de ne pas faire quelque chose. Quand elle est dite générale, c'est pour désigner ce que les membres d'une société devraient vouloir pour le bien de tous, pour l'intérêt commun. À noter que ce concept a été créé par Jean-Jacques Rousseau dans Du contrat social. Un pouvoir politique légitime doit ainsi être fondé sur la **volonté générale** comme le souligne Kant au paragraphe 8 quand il parle du monarque en ces termes : « [...] son autorité législative procède justement de ce fait qu'il rassemble la volonté générale du peuple dans la sienne propre. »

Prolongements de l'œuvre

Le texte de Kant a suscité de nombreuses réflexions, notamment celles de Jürgen Habermas[1] et Michel Foucault[2].

Kant et l'espace public

Selon Jürgen Habermas dans *L'Espace public. Archéologie de la publicité comme dimension constitutive de la société bourgeoise* (1962), Kant a défini dans son opuscule de 1784 l'espace public, en montrant que les citoyens pouvaient faire un usage public de leur raison. Ainsi, comme il est dit dans sa *Réponse à la question : Qu'est-ce que les Lumières ?* : « [...] l'usage public de notre propre raison doit toujours être libre, et lui seul peut amener les lumières parmi les hommes [...] ». En outre, la sphère publique kantienne fait preuve d'une certaine modernité. Effectivement, pour Kant le peuple détient une fonction législatrice mais également critique dans la mesure où les citoyens peuvent s'exprimer librement en faisant un usage public de leur faculté de jugement. Ainsi, il est donc possible de parler d'espace démocratique, d'espace public moderne. Pour Kant, il faut que les idées, les opinions émises par les hommes circulent, que ce soit par écrit ou par oral ; il faut que la liberté d'expression, d'opinion et de publication soit érigée en « droit sacré de l'humanité », comme il est précisé dans son texte.

Ainsi, tout ce qui a trait à la censure peut s'apparenter à un « despotisme spirituel » selon Habermas, car nier la liberté d'expression revient à ôter aux hommes leur liberté de penser et cela serait un « crime contre l'humanité ». Donner ses opinions publiquement et mettre en place un débat public permet de contrarier un pouvoir étatique trop despotique, comme le souligne Habermas : « L'opi-

Pour approfondir

1. Jürgen Habermas (1929), sociologue et philosophe allemand, a livré une étude très éclairante sur le kantisme (*la Paix perpétuelle*, 1997), et dans *L'Espace public. Archéologie de la publicité comme dimension constitutive de la société bourgeoise* (1962) montre que le dialogue avec les Lumières est un fil conducteur dans l'ensemble de sa philosophie.
2. Michel Foucault (1926-1984), philosophe français dont les entretiens, conférences et articles ont été publiés dans un recueil posthume *Dits et Écrits* en 1994. L'article *Qu'est-ce que les Lumières ?* appartenant au tome IV de l'œuvre permet à son auteur de proposer sa propre conception des Lumières.

nion publique devient ainsi plus qu'un moyen de contrecarrer l'arbitraire du pouvoir d'État, une véritable source normative[1] de la politique. » De plus, il poursuit en disant que « la pratique du secret sert la conservation du pouvoir fondé sur l'arbitraire ». En effet, si une action politique n'est pas exposée, c'est qu'elle est néfaste aux citoyens. C'est en discutant et en échangeant leurs idées que les citoyens pourront penser au bien commun et mettre en jeu un certain pluralisme.

Kant et le pluralisme

Le pluralisme, système reconnaissant l'existence de plusieurs modes de pensée, d'opinions politiques et religieuses, est donc de mise. L'idée de l'espace public souligne bien l'émancipation des tutelles de manière collective. Comme le débat public est possible et que les hommes peuvent s'exprimer librement, ils pourront faire en sorte de critiquer le système politique, dans l'usage public de leur raison. Critique constructive qui permet la mise en place de réformes gouvernementales. L'espace public devient, selon Habermas, une « instance critique [qui] constitue par conséquent la médiatrice entre la société civile, qui désigne l'ensemble des individus faisant un usage privé de la raison, et l'État ».

Si le peuple peut discuter des agissements du pouvoir politique selon Kant, le philosophe Hobbes (1588-1679), comme le rapporte Habermas, « donne à la structure politique d'un État aucun spectateur habilité à juger, commenter et débattre de l'action étatique ». Rousseau (1712-1778), quant à lui, n'accorde pas au peuple la possibilité de discuter, de débattre ; il est contre un espace public car pour lui cela entraînerait « la résurgence des intérêts particuliers » selon Habermas. Ainsi on peut conclure sur le fait que si chez Kant le peuple est à la fois législateur et critique, il n'en va pas de même chez Rousseau qui ôte aux citoyens la possibilité d'une fonction critique. Comme le souligne Habermas, cette différence réside dans leur conception divergente : « Rousseau réfléchit dans le cadre d'une

1. Normatif (de norme, latin *norma*, règle) Qui émet des jugements de valeur, institue des règles, des principes.

démocratie directe, où toute la législation provient du peuple, alors que Kant, dans le cadre de ce qui ressemble à une monarchie constitutionnelle, n'admet qu'une participation du public au pouvoir. » Ainsi, dans un régime constitutionnel, le fait de rendre public, autrement nommé, la « publicité », s'oppose à l'arbitraire et correspond alors à une certaine idée de la liberté.

Kant et la publicité

Selon Habermas, c'est Kant qui a fait naître le principe de publicité, « principe régulateur » de la sphère publique. Grâce à l'espace public, les idées et opinions sont notoires, connues du plus grand nombre. Le terme « publicité » se trouve être la source légitime du pouvoir. Effectivement, le principe de publicité est, pour Habermas, la nécessité d'un usage public et critique de la raison et, grâce au débat public, le système gouvernemental devient une « démocratie délibérative ». Démocratie délibérative car la légitimité d'une décision politique repose sur la délibération publique de citoyens. Les hommes doivent donc, en tant que citoyens agissant à l'intérieur d'un espace public, être des « publicistes » en rendant publiques leurs pensées. C'est en disant tout haut ce qu'ils pensent tout bas et en partageant leurs idées que les hommes parviendront non seulement à éclairer les autres hommes mais aussi à élever leur raison. En se confrontant, les idées et opinions pourront mieux être reconnues et être « dignes d'être mises en pratique ».

Schiller[1], dans ses *Lettres sur l'éducation esthétique de l'homme* (1795), commente aussi l'opuscule kantien. Il montre que la publicité est « indispensable à la raison » et qu'elle devient un « concept essentiel dans l'articulation de la théorie et de la pratique, puisque l'accomplissement des Lumières en dépend ». Et comme le dit lui-même Kant dans *Qu'est-ce que s'orienter dans la pensée ?* (1786) : « Penserions-nous beaucoup et penserions-nous bien si nous ne pensions pas pour ainsi dire en commun avec d'autres, qui nous font part de leurs pensées et auxquels nous communiquons les nôtres ? »

1. Schiller est un poète et écrivain allemand (1759-1805) contemporain de Kant.

L'espace public et la transparence aujourd'hui

Si la liberté d'expression et d'opinion est de mise dans les démocraties, il ne faut pas oublier l'importance de la transparence. Effectivement, la transparence doit être l'une des bases de la société démocratique, car comme le souligne Kant dans la seconde partie de *La Métaphysique des mœurs* intitulée *Doctrine de la vertu* (1795) : « Le mensonge est le véritable lieu de corruption de la nature humaine. » Si la publicité, dans le sens kantien de rendre public, est à l'origine de la transparence, c'est bien parce qu'elle va à l'encontre du secret, du non-dit, néfastes pour les hommes et la société.

Mais comme le souligne Habermas dans *L'Espace public*, ce « principe régulateur » de publicité a perdu de sa valeur au XXe siècle : « À l'origine la *Publicité* garantissait le lien qu'entretenait l'usage public de la raison aussi bien avec les fondements législatifs de la domination qu'avec un contrôle critique de son exercice. Depuis elle est au principe d'une domination qui s'exerce à travers le pouvoir de disposer d'une opinion non publique, ce qui aboutit à cette singulière équivoque : la publicité permet de manipuler le public, en même temps qu'elle est le moyen dont on se sert pour se justifier face à lui. Ainsi la *Publicité* de manipulation prend-elle le pas sur la *Publicité* critique. »

À la question de savoir quel est l'état de l'espace public aujourd'hui ?, Plinio Walder Prado[1], quant à lui, répond : « À l'époque où l'information devient la donnée stratégique de nos sociétés, où l'on procède à la socialisation des nouvelles technologies, l'espace public contemporain est investi de long en large par les médias de production et de télédiffusion d'informations, y compris culturelles. Ceux-ci, indissociables du développement technologique, sont placés sous la régulation totale de la loi de l'échange économique. Or ce complexe techno-économico-médiatique, issu des conquêtes de la rationalité technique et scientifique, a en retour

1. Plinio Walder Prado (XXe siècle) est un philosophe, docteur d'État et enseignant au département de philosophie de l'université de Paris 8.

un impact considérable sur l'aptitude à user publiquement et librement de la raison, sur la capacité de juger, et pour tout dire, sur les promesses d'un progrès dans la culture de la liberté, incarnées originairement par l'idée d'espace public. »

Kant et la modernité

Selon Michel Foucault, l'opuscule de Kant est au fondement de la philosophie moderne, comme l'indiquent ces propos issus de l'article *Qu'est-ce que les Lumières ?* (1994) : « Imaginons que [la *Revue mensuelle berlinoise*] existe encore de nos jours et qu'elle pose à ses lecteurs la question : *Qu'est-ce que la philosophie moderne ?* ; peut-être pourrait-on lui répondre en écho : la philosophie moderne, c'est celle qui tente de répondre à la question lancée, voilà deux siècles, avec tant d'imprudence : [*Qu'est-ce que les Lumières ?*]. En outre, si le texte kantien est qualifié de moderne c'est surtout par rapport à l'attitude, « au mode de relation à l'égard de l'actualité » de son auteur qui s'est positionné face à son époque, à son présent. Avec Kant, comme le souligne Foucault, « La philosophie reçoit un nouvel objet, une nouvelle tâche : penser *aujourd'hui.* Et c'est en cela que Kant esquisse l'attitude propre de la modernité ». Le penseur français souligne que « c'est la première fois qu'un philosophe lie ainsi, de façon étroite et de l'intérieur, la signification de son œuvre par rapport à la connaissance, une réflexion sur l'histoire et une analyse particulière du moment singulier où il écrit et à cause duquel il écrit. La réflexion sur *aujourd'hui* comme différence dans l'histoire et comme motif pour une tâche philosophique particulière me paraît être la nouveauté de ce texte. »

Mais la *Réponse à la question : Qu'est-ce que les Lumières ?* de 1784 est aussi l'occasion de mêler la philosophie et la politique, de présenter la constitution de l'homme en tant que sujet autonome et surtout de « réfléchir aux conditions d'un usage légitime de la raison, c'est-à-dire, faire ce que Kant appelle une *critique* ». Le texte de Kant amène Foucault à repenser la raison dans son usage autonome et critique et à dire que c'est en récupérant l'héritage des Lumières que l'on pourra peut-être mettre en œuvre une raison « qui n'a d'effet d'affranchissement qu'à la condition qu'elle parvienne à se libérer d'elle-même ! ».

Kant et la postérité

L'attitude critique que l'homme devait avoir au XVIIIe siècle est encore d'actualité car, dès que l'homme s'engage dans l'exercice de la critique, il devient un héritier des Lumières. Si, au siècle des Lumières, l'homme devait se responsabiliser en usant de sa raison et de son esprit critique pour sortir de l'ignorance, il en va de même de nos jours. Selon l'interprétation de Foucault de l'opuscule de Kant, les hommes ne seraient véritablement des acteurs des Lumières que s'ils y participaient et les Lumières ne pourraient se manifester que si ces mêmes hommes acceptaient d'en faire leur devoir. Enfin, il conclut son article intitulé *Qu'est-ce que les Lumières ?* par ces mots : « Je ne sais pas si jamais nous deviendrions majeurs. Beaucoup de choses dans notre expérience nous convainquent que l'événement historique [des Lumières] ne nous a pas rendus majeurs ; et que nous ne le sommes pas encore. Cependant, il me semble qu'on peut donner un sens à cette interrogation critique sur le présent et sur nous-mêmes que Kant a formulée en réfléchissant sur [les Lumières]. Il me semble que c'est même là une façon de philosopher qui n'a pas été sans importance ni efficacité depuis les deux derniers siècles. »

Les répercussions de ce texte sur les Lumières sont telles pour Foucault qu'il pense que les Lumières ont déterminé « ce que nous sommes, ce que nous pensons et ce que nous faisons aujourd'hui ». Si Kant dans son texte montre l'importance de l'espace public et de la liberté d'expression au XVIIIe siècle, siècle qui n'est qu'en marche vers le progrès, qu'en est-il aujourd'hui ? Comment se met en place l'opinion publique ? Les hommes peuvent-ils s'exprimer librement ? Le font-ils ? Qui sont, de nos jours les hommes éclairés ? Autant de questions soulevées par la lecture de l'opuscule kantien au XXIe siècle, ère de la communication et d'Internet.

Les Lumières, le pouvoir de la raison et la liberté d'expression

Comment diffuser le savoir et les idées des Lumières ?

La seule manière de diffuser les lumières est pour Kant la réforme du jugement. Dans son Annonce sur *le programme des leçons pour le semestre d'hiver 1765-1766*, il déclarait déjà que « Le professeur ne doit pas apprendre des pensées... mais à penser. » Ainsi, le philosophe, homme éclairé, guide les autres hommes puisque sa mission consiste à leur montrer la possibilité de s'exprimer librement afin qu'ils puissent faire évoluer la société dans laquelle ils vivent. La philosophie des Lumières éclaire le sujet et lui fait découvrir et cultiver sa liberté. Dans son texte, Kant met un point d'honneur à définir la liberté sous sa plus grande manifestation, la liberté d'expression et de publication. La liberté d'opinion et d'expression fait en sorte que les hommes éclairés transmettent leurs idées pour former un public capable de jugement. Si l'homme pour progresser vers les Lumières doit penser par lui-même, il faut surtout qu'il puisse lire les penseurs pour s'instruire ; c'est pourquoi la liberté de publication est primordiale.

Qu'en est-il de l'instruction ?

Si la liberté d'expression est si importante, c'est parce qu'elle permet de pallier les manquements de l'instruction scolaire et de l'éducation parentale. Les écoles sont peu répandues et les parents sont davantage centrés sur eux-mêmes que sur la liberté et l'humanité de leur progéniture. C'est donc aux hommes éclairés, à ceux qui peuvent s'exprimer, que revient la lourde tâche d'éduquer les hommes. L'éducation fera de l'individu, un homme libre et remarquable comme le souligne Kant dans son *Traité de pédagogie* (1803) : « C'est au fond de l'éducation que gît le secret de la perfection de la nature humaine. » La liberté d'expression et l'instruction sont des armes au service du combat contre l'ignorance.

Les Lumières, Kant et la religion

Le texte de Kant illustre la philosophie des Lumières en étant un appel à la lutte contre l'obscurantisme et les préjugés, à l'origine des oppressions politique et religieuse. Les philosophes montrent, par leur liberté de parole, qu'il est possible de prendre ses distances avec les autorités politique et religieuse. Cette mise à distance s'établit non pas en mettant à mal le système politique par un soulèvement oppressif mais en le réformant. Si la philosophie des Lumières a préparé la Révolution française, elle ne l'a pas provoquée. C'est pourquoi, dans ce texte, le penseur souligne que la révolution ne constitue pas un progrès digne des Lumières. Ce qu'il faut c'est faire triompher la libre raison critique même en matière de religion et de politique. Comme il le disait lui-même dans la préface de la 1re édition de la *Critique de la raison pure* : « Notre siècle est le siècle propre de la critique, à laquelle tout doit se soumettre. »

Quelle réforme pour le domaine religieux ?

Au XVIIIe siècle, Dieu n'est plus systématiquement le personnage central autour duquel s'articule la métaphysique. Grâce à son rationalisme critique, Kant place la question religieuse davantage dans le domaine moral que sur le terrain de la métaphysique ; et c'est en cela qu'il est possible de parler de théologie rationnelle. Les déistes comme Kant envisagent Dieu comme la « cause du monde », principe régulateur permettant aux hommes de se conduire moralement. Ce n'est pas parce qu'il est impossible de faire l'expérience de Dieu, de la totalité du monde ou encore de l'immortalité de l'âme que ces réalités métaphysiques ne peuvent pas faire l'objet de croyances. Mais si l'homme possède la conviction morale de l'existence de Dieu, il sait aussi qu'il ne peut satisfaire pleinement ses attentes. Le philosophe tente de concilier la foi en la raison de l'homme et la religion en développant l'idée d'une foi morale et religieuse, appartenant, selon Kant, à la vraie religion, la religion morale qui assigne à l'homme raisonnable des devoirs.

L'œuvre dans l'histoire de la pensée

Pourquoi parler de religion morale ?

Si l'homme fait un bon usage de sa raison, il parviendra à trouver sa religion intérieure et saura alors faire son devoir et agir en fonction du Bien. La religion morale se manifeste par ce que l'homme se dit à lui-même pour affronter sa condition humaine. Il faut que l'homme ait le courage de se servir de son propre entendement comme le suggère la devise des Lumières : *Sapere aude !*. Quant à la religion qui recherche non pas la valeur morale mais les faveurs divines, elle favorise, par l'ensemble de ses dogmes et de ses rites, les superstitions. Or, les superstitions sont une entrave à l'usage de la raison humaine, car l'homme n'agit plus pour lui-même mais par peur d'un châtiment divin ou encore par l'espoir d'une récompense. La véritable religion est, pour Kant, rationnelle, naturelle et intérieure par opposition à la religion extérieure, la religion d'Église qui lui est subordonnée, et qui ne doit pas devenir un but mais seulement un moyen en vue de la réalisation de la religion morale. Au XVIIIe siècle, la religion naturelle se confronte à la religion surnaturelle ; autrement dit la raison ou lumière naturelle est de mise aux côtés de la lumière surnaturelle, divine.

Quel est l'impact d'une telle conception ?

Si la religion est affaire humaine dans le sens où elle dépend de l'homme et non d'une confession extérieure, Kant suggère donc l'idée que toutes les religions se valent. L'idée de tolérance et de libre conscience est alors de mise en matière de religion. Même si les manifestations extérieures, telles que les rites et les pratiques, ne sont pas les mêmes chez tous les hommes, elles restent néanmoins l'expression de leur religion intérieure. Religion intérieure que tous les hommes peuvent développer, notamment dans leur libre volonté dirigée vers le Bien ; la religion morale, rationnelle est donc la religion universelle qui unit les hommes. Pourquoi, dès lors, vouloir convertir les hommes ou faire preuve de fanatisme ?

Les Lumières, Kant et le pouvoir politique

Quelle réforme pour la sphère politique ?

Un monarque éclairé peut gouverner rationnellement s'il vise le bonheur de son peuple et la prospérité publique. Dans une telle conception politique, l'autonomie de la raison reste primordiale, qu'elle concerne le monarque lui-même ou encore le citoyen. Ainsi, à la différence d'un régime purement arbitraire et autoritaire, le despotisme éclairé met en place deux nouveaux principes : la souveraineté et la liberté de l'individu de s'exprimer face au pouvoir politique mis en place. Le citoyen découvre l'émancipation et l'autonomie dans une sphère politique où il peut s'exprimer librement tout en obéissant aux lois et en respectant le pouvoir étatique. La souveraineté revient au peuple dans la mesure où la source du pouvoir est en lui ; elle est désormais représentée par « la volonté générale » pour reprendre l'expression rousseauiste. Les citoyens se soumettent donc aux lois qu'ils ont eux-mêmes décidées. Dans un simple régime despotique, les individus sont sujets sans être citoyens, car ils sont soumis à la volonté du monarque et non à la volonté générale. Ils ne sont donc pas à l'origine des lois. Un homme doit pouvoir être un sujet et un citoyen.

Pourquoi peut-on parler d'esprit républicain ?

Le citoyen qui décide de la loi, tout en y étant soumis en tant que sujet, est un citoyen républicain car il vote les lois en fonction de l'intérêt général. Le pouvoir légitimé par la loi émanant de la raison humaine est limité. Dans une république, les hommes obéissent à une Constitution politique selon des lois, donc sous une certaine contrainte, mais néanmoins dans un esprit de liberté. L'esprit républicain se définit par la séparation des pouvoirs exécutif, législatif et judiciaire, et par la garantie de toutes les libertés individuelles. En suivant des réformes conduites sous l'autorité de souverains éclairés, la république pourra exister. Enfin, Kant soumet l'idée d'une république universelle, cosmopolite en défendant l'idée d'humanité et en montrant que l'homme est avant tout citoyen du monde.

L'œuvre dans l'histoire de la pensée

La philosophie kantienne et l'histoire

Pourquoi parler d'une philosophie de l'histoire ?

La philosophie de l'histoire réfléchit au sens et aux finalités du devenir historique. Kant définit ainsi le siècle des Lumières, comme une étape vers le progrès de l'humanité. Le progrès est considéré comme la loi constitutive de l'évolution historique, et l'humanité comme la finalité de l'homme. Cet opuscule renferme donc une conception téléologique de l'histoire en soulignant que cette dernière repose sur l'idée de finalité, de fin. En outre, selon la téléologie, l'humanité évolue vers la perfection. Et même si l'avenir est incertain, l'envie de progresser vers l'humanité, fin dernière de l'histoire, demeure. Comme le progrès réside dans les mains de l'homme et que l'histoire ne peut se réaliser sans lui, car il n'existe pas de progrès automatique, il faut que l'homme libre s'investisse activement.

Paix civile et cosmopolitisme

Pour que le progrès ait lieu, il faut que règne la paix civile. Cette dernière est effectivement la condition du progrès des lumières et s'il y a progrès, alors la paix universelle est possible. L'ordre civil est donc bien un idéal correspondant à l'horizon de l'histoire de l'humanité. La finalité de l'histoire est que le devenir de l'humanité s'oriente vers le règne de la paix universelle et du cosmopolitisme, doctrine selon laquelle tout homme doit être considéré comme représentant du genre humain dans son ensemble. Pour Kant, l'homme est avant tout un citoyen du monde ; c'est pourquoi l'universalité, le cosmopolitisme comptent avant tout. Il ne faut pas qu'un homme se borne à ne penser qu'à lui comme il ne faut pas concevoir une période historique, telle que le siècle des Lumières, indépendamment des autres étapes historiques constituant l'histoire de l'humanité. Le cosmopolitisme kantien a été développé en 1784 dans *Idée d'une histoire universelle du point de vue cosmopolite* où il développe son cosmopolitisme au moment où il écrivait Qu'est-ce que les Lumières ?

La philosophie kantienne et la raison critique

En quoi ce texte préfigure-t-il le rationalisme moderne ?

Le rationalisme fait de la raison le moyen de connaissance et d'explication de la réalité. Il en existe différents courants, comme celui dit « classique » qui consiste à faire de la raison un moyen de connaissance sûr et indépendant de toute expérience sensible. Ce rationalisme « dogmatique » se développe de Descartes à Leibniz. Kant se détache de ses prédécesseurs en définissant un rationalisme plus « moderne » prônant une interdépendance entre la raison et la sensibilité. En effet, comme la connaissance ne peut provenir uniquement de la raison, il faut aussi pouvoir faire l'expérience des choses pour les connaître. Ainsi, si l'homme se doit de penser, de raisonner pour être libre, il se doit également de demeurer actif. C'est en agissant, à la lumière de la raison, qu'il pourra devenir véritablement un homme. Si Kant est considéré comme le précurseur de cette philosophie rationaliste moderne, c'est aussi parce qu'il évoque dans son œuvre, et plus particulièrement dans cet opuscule, les concepts de liberté, de religion, de droit et de justice en lien avec la raison humaine.

En quoi ce texte fait-il partie de la philosophie critique ?

Le rationalisme moderne de Kant est dit « critique » dans la mesure où il fait état de l'usage théorique de la raison : elle doit se critiquer elle-même et se fixer des limites, comme celles définies dans cet opuscule : un usage privé et un usage public dans son expression. En apprenant à penser, les hommes feront de leur raison un instrument critique et pourront faire évoluer la société. La raison, en tant qu'instrument critique, leur permettra de rejeter les principes et dogmes de la religion révélée ou encore le pouvoir arbitraire et absolu du souverain. La critique consiste en un projet de paix philosophique en évaluant le pouvoir de la raison et en décidant de la légitimité de son usage tout en lui interdisant de s'aventurer dans des domaines où elle ne peut s'exprimer, comme la métaphysique.

Mise en perspective

Ici sont proposés des extraits de textes issus du XVIIIe siècle qui reflètent ou, au contraire, s'opposent aux idées kantiennes développées dans l'opuscule de 1784.

Les raisons du sentiment

• Dans ces *Lettres sur l'éducation esthétique de l'homme* (1795), Friedrich von Schiller paraphrase l'opuscule kantien de 1784. Mais il est amené non seulement à restreindre la définition des Lumières, mais aussi à réinterpréter la maxime *Sapere aude*. En dédicace, Schiller cite Jean-Jacques Rousseau : « Si c'est la raison qui fait l'homme, c'est le sentiment qui le conduit » (*Julie ou La Nouvelle Héloïse*). Pour le penseur allemand c'est uniquement lorsque le caractère humain sera transformé par la beauté que la raison pourra triompher.

Lettre III *(extrait du paragraphe 1) Pour Schiller, homme des Lumières, le progrès de l'individu entraîne celui de l'humanité, de la collectivité par le biais de la raison.*

[...] Mais ce qui élève l'homme à l'humanité, c'est précisément de ne pas s'en tenir à ce que la seule nature a fait de lui. Il possède la faculté de revenir sur ses pas pour parcourir à nouveau à la lumière de la raison le chemin par où la nature l'a une première fois fait passer ; il a le pouvoir de transformer l'œuvre de la nécessité en une œuvre de son libre choix et de hausser la nécessité physique à la dignité de nécessité morale.

Lettre VIII *(paragraphes 4 à 8) où Schiller se demande pourquoi en matière de politique les hommes sont encore en proie aux préjugés. Sa réponse : ils n'ont pas le courage de lutter ou aiment vivre dans les illusions. Il finit par dire que le caractère compte plus que la raison, et c'est de cela qu'il faut s'occuper.*

[...] La Raison a fait ce qui est en son pouvoir, quand elle découvre et proclame la loi ; l'application doit être l'œuvre de la volonté résolue et du sentiment vivant. [...] Si jusqu'à présent la Raison a encore si peu attesté sa force victorieuse, la responsabilité n'en incombe pas à l'entendement qui n'a pas su lui enlever son voile, mais au cœur qui s'est fermé à elle et à l'instinct qui n'a pas agi pour elle.

D'où vient en effet cette souveraineté encore si universelle des préjugés et cet obscurcissement des cerveaux en dépit de tous les flambeaux de lumière que la philosophie et l'expérience ont dressés ? L'époque est éclairée, c'est-à-dire qu'ont été découvertes et divulguées les connaissances qui pourraient suffire au moins à rectifier nos principes d'action pratique ; l'esprit de libre recherche a dissipé les concepts illusoires qui ont longtemps empêché d'accéder à la vérité et il a sapé le terrain sur lequel le fanatisme et l'imposture construisirent leur trône ; la Raison s'est purifiée des illusions des sens et d'une sophistique trompeuse, et la philosophie elle-même, qui nous a d'abord rendus infidèles à la nature, nous rappelle d'une voix sonore et impérieuse dans le sein de celle-ci. D'où vient donc que nous soyons encore et toujours des barbares ?

Il faut, puisque la cause n'en est pas dans les choses, qu'il y ait dans les âmes des hommes quelque obstacle qui les empêche d'accueillir la vérité, aussi éclatante que soit sa lumière, et de l'adopter, aussi vivante que soit la conviction qu'elle procure. Un sage de l'Antiquité l'a ressenti et il l'a dit en termes voilés dans l'expression pleine de sens : *sapere aude*.

Aie la hardiesse d'être sage. Il faut l'énergie du courage pour lutter contre les obstacles que l'indolence de la nature et la lâcheté du cœur opposent à l'enseignement de la vérité [...]. Satisfaits d'échapper à l'âpre labeur de la réflexion, ils [les hommes] laissent volontiers s'exercer une tutelle sur leurs pensées et s'il arrive que des besoins supérieurs s'agitent en eux, ils saisissent d'une foi avide les formules que l'État et les prêtres tiennent en réserve pour cette circonstance. Si ces malheureux méritent notre pitié, notre juste mépris va aux autres, qu'un sort meilleur libère du joug des besoins, mais que leur propre choix courbe sous celui-ci. Ces derniers préfèrent aux rayons de la vérité qui chassent l'agréable fantasmagorie de leurs rêves le crépuscule de concepts obscurs qui permettent de sentir plus vivement et qui laissent l'imagination se former à son gré des fictions commodes. [...]

Non seulement donc cette lumière de l'intelligence ne mérite l'estime que dans la mesure où elle se réfléchit sur le caractère ; mais encore elle part dans une certaine mesure du caractère, car le chemin qui mène à l'esprit doit passer par le cœur. La formation du sentiment est donc le besoin extrêmement urgent de l'époque, non seulement parce qu'elle devient un moyen de rendre efficace pour la vie une compréhension meilleure de la vérité, mais même parce qu'elle stimule l'intelligence à améliorer ses vues.

L'esprit critique avant tout

• Dans l'article « Éclectisme[1] » de l'*Encyclopédie,* Denis Diderot (1713-1784) assigne à la raison et au pouvoir critique des rôles essentiels attribués aux hommes éclairés tels que les philosophes.

L'éclectique est un philosophe qui, foulant aux pieds le préjugé, la tradition, l'ancienneté, le consentement universel, l'autorité, en un mot tout ce qui subjugue la foule des esprits, ose penser de lui-même, remonter aux principes généraux les plus clairs, les examiner, les discuter, n'admettre rien que sur le témoignage de son expérience et de sa raison ; et de toutes les philosophies qu'il a analysées sans égard et sans partialité, s'en faire une particulière et domestique qui lui appartienne : je dis une philosophie particulière et domestique, parce que l'ambition de l'éclectique est moins d'être le précepteur du genre humain, que son disciple ; de réformer les autres, que de se réformer lui-même ; d'enseigner la vérité, que de la connaître.

Un vent de liberté

• Dans sa correspondance Diderot, à l'instar de Kant, évoque l'esprit de liberté qui règne au siècle des Lumières ainsi que la volonté de combattre le fanatisme religieux et la tyrannie gouvernementale.

[...] Chaque siècle a son esprit qui le caractérise. L'esprit du nôtre semble être celui de la liberté. La première attaque contre la superstition a été violente, sans mesure. Une fois que les hommes ont osé d'une manière quelconque donner l'assaut à la barrière de la

1. L'éclectisme est une méthode qui consiste à choisir dans divers systèmes philosophiques les thèses qui paraissent les plus acceptables, pour en former un corps de doctrine.

religion, cette barrière la plus formidable qui existe comme la plus respectée, il est impossible de s'arrêter. Dès qu'ils ont tourné des regards menaçants contre la majesté du ciel, ils ne manqueront pas le moment d'après de les diriger contre la souveraineté de la terre. Le câble qui tient et comprime l'humanité est formé de deux cordes ; l'une ne peut céder sans que l'autre vienne à rompre. ***Lettre à la princesse Daschkoff*, avril 1771.**

[...] Notre devise est : *sans quartier* pour les superstitieux, pour les fanatiques, pour les ignorants, pour les fous, pour les méchants et pour les tyrans, et j'espère que vous le reconnaîtrez en plus d'un endroit. Est-ce qu'on s'appelle philosophe pour rien ? Quoi ! le mensonge aura ses martyrs, et la vérité ne sera prêchée que par des lâches ? Ce qui me plaît des frères, c'est de les voir presque tous moins unis encore par la haine et le mépris de celle que vous avez appelé l'infâme que par l'amour de la vérité, par le sentiment de la bienfaisance, et par le goût du vrai, du bon et du beau, espèce de trinité qui vaut un peu mieux que la leur. Ce n'est pas assez que d'en savoir plus qu'eux, il faut leur montrer que nous sommes meilleurs, et que la philosophie fait plus de gens de bien que la grâce suffisante ou efficace. ***Lettre à Voltaire*, septembre 1762.**

La solitude, ennemie de l'homme

• Dans son *Histoire naturelle* (1749-1789), Buffon (1707-1788) défend l'idée que l'homme a besoin d'autrui et de la société.

Parmi les hommes, la société dépend moins des convenances physiques que des relations morales. L'homme a d'abord mesuré sa force et sa faiblesse ; il a comparé son ignorance et sa curiosité ; il a senti que seul il ne pouvait suffire ni satisfaire par lui-même à la multiplicité de ses besoins ; il a reconnu l'avantage qu'il aurait à renoncer à l'usage illimité de sa volonté pour acquérir un droit sur la volonté des autres ; il a réfléchi sur l'idée du bien et du mal, il l'a gravée au fond de son cœur à la faveur de la lumière naturelle qui lui a été départie par la bonté du Créateur ; il a vu que la solitude n'était pour lui qu'un état de danger et de guerre, il a cherché la sûreté et la paix dans la société, il y a porté ses forces et ses lumières pour les augmenter en les réunissant à celles des autres : cette réunion est de l'homme l'ouvrage le meilleur, c'est de sa raison l'usage le plus sage. En effet, il n'est tranquille, il n'est fort, il n'est grand, il ne commande à l'univers que parce qu'il a su se commander à lui-même, se dompter, se soumettre et s'imposer des lois ; l'homme en un mot n'est homme que parce qu'il a su se réunir à l'homme.

Au nom de la raison

● Madame de Staël (1766-1817) dans son ouvrage *De l'Allemagne* (1813) dresse le portrait du philosophe de Königsberg et défend par la même occasion ses idées sur la raison humaine.

[...] Des despotes et des fanatiques ont essayé de défendre à la raison humaine l'examen de certains sujets, et toujours la raison s'est affranchie de ces injustes entraves. Mais les bornes qu'elle s'impose à elle-même, loin de l'asservir, lui donnent une nouvelle force, celle qui résulte toujours de l'autorité des lois librement consenties par ceux qui s'y soumettent.

Un idéal démocratique

● Dans ses réflexions philosophiques issues du *Contrat social* (1762), Jean-Jacques Rousseau (1712-1778) évoque une situation gouvernementale idéale où la volonté populaire, la « volonté générale » primerait. Cette œuvre de Rousseau influence Kant mais surtout les esprits révolutionnaires du XVIIIe siècle.

[...] Le plus grand bien de tous, qui doit être la fin de tout système de législation, se réduit à ces deux objets principaux : la liberté et l'égalité [...]. La volonté générale peut seule diriger les forces de l'État, selon la fin de son institution qui est le bien commun [...]. Le peuple soumis aux lois en doit être l'auteur [...]. La puissance législative appartient au peuple et ne peut appartenir qu'à lui [...]. La loi n'étant que la déclaration de la volonté générale, les députés du peuple ne sont donc ni ne peuvent être ses représentants, ils ne sont que ses commissaires : ils ne peuvent rien conclure définitivement. Toute loi que le peuple en personne n'a pas ratifiée est nulle [...]. La voix du plus grand nombre oblige toujours tous les autres [...]. Le citoyen consent à toutes les lois, même celles qu'on passe malgré lui [...]. À l'instant que le gouvernement usurpe la souveraineté, le pacte social est rompu et tous les simples citoyens rentrés de droit dans leur liberté naturelle sont forcés mais n'ont pas obligés d'obéir.

À bas l'arbitraire !

• **Contrairement à Kant, Diderot est loin de faire l'éloge du despotisme éclairé ; il en fait même une monstruosité politique comme dans cet extrait de *Réfutation d'Helvétius* (1773-1774).**

Le gouvernement arbitraire d'un prince juste et éclairé est toujours mauvais. Ses vertus sont la plus dangereuse et la plus sûre des séductions : elles accoutument insensiblement un peuple à aimer, à respecter, à servir son successeur quel qu'il soit, méchant et stupide. Il enlève au peuple le droit de délibérer, de vouloir ou de ne vouloir pas, de s'opposer même à sa volonté lorsqu'il ordonne le bien ; cependant ce droit d'opposition, tout insensé qu'il est, est sacré : sans quoi les sujets ressemblent à un troupeau dont on méprise la réclamation, sous prétexte qu'on le conduit dans de gras pâturages. En gouvernant selon son bon plaisir, le tyran commet le plus grand des forfaits. Qu'est-ce qui caractérise le despote ? Est-ce la bonté ou la méchanceté ? Nullement ; ces deux notions n'entrent pas seulement dans sa définition. C'est l'étendue et non l'usage de l'autorité qu'il s'arroge. Un des plus grands malheurs qui pût arriver à une nation, ce serait deux ou trois règnes d'une puissance juste, douce, éclairée, mais arbitraire : les peuples seraient conduits par le bonheur à l'oubli complet de leurs privilèges, au plus parfait esclavage. Je ne sais si jamais un tyran et ses enfants se sont avisés de cette redoutable politique ; mais je ne doute aucunement qu'elle ne leur eût réussi. Malheur aux sujets en qui l'on anéantit tout ombrage sur leur liberté, même par les voies les plus louables en apparence. Ces voies n'en sont que plus funestes pour l'avenir. C'est ainsi que l'on tombe dans un sommeil fort doux, mais dans un sommeil de mort, pendant lequel le sentiment patriotique s'éteint, et l'on devient étranger au gouvernement de l'Etat. Supposez aux Anglais trois Elizabeth de suite, et les Anglais seront les derniers esclaves de l'Europe.

Mise en perspective

Vive la révolution !

• Condorcet (1743-1794), dans *Esquisse d'un tableau historique des progrès de l'esprit humain* (1795) développe une foi en l'homme et un optimisme certain en l'avenir de l'humanité. Néanmoins, contrairement à Kant, il défend l'idée d'une révolution.

[...] Tout nous dit que nous touchons à l'époque d'une des grandes révolutions de l'espèce humaine. Qui peut mieux nous éclairer sur ce que nous devons en attendre ; qui peut nous offrir un guide plus sûr pour nous conduire au milieu de ses mouvements, que le tableau des révolutions qui l'ont précédée et préparée ? L'état actuel des Lumières nous garantit qu'elle sera heureuse ; mais aussi n'est-ce pas à condition que nous saurons nous servir de toutes nos forces ? Et pour que le bonheur qu'elle promet soit moins chèrement acheté, pour qu'elle s'étende avec plus de rapidité dans un plus grand espace, pour qu'elle soit plus complète dans ses effets, n'avons-nous pas besoin d'étudier dans l'histoire de l'esprit humain quels obstacles nous restent à craindre, quels moyens nous avons de les surmonter ?

Ode aux philosophes éclairés

• Condorcet, toujours dans *Esquisse d'un tableau historique des progrès de l'esprit humain* (1795) résume l'œuvre des philosophes des Lumières.

En France, Bayle, Fontenelle, Voltaire, Montesquieu et les écoles formées par ces hommes célèbres combattirent en faveur de la vérité, employant tour à tour toutes les armes que l'érudition, la philosophie, l'esprit, le talent d'écrire peuvent fournir à la raison ; prenant tous les tons, employant toutes les formes, depuis la plaisanterie jusqu'au pathétique, depuis la compilation la plus savante et la plus vaste jusqu'au roman et au pamphlet du jour ; couvrant la vérité d'un voile qui ménageait les yeux trop faibles et laissait le plaisir de la deviner ; caressant les préjugés avec adresse pour leur porter des coups plus certains ; n'en menaçant presque jamais ni plusieurs à la fois, ni même un seul tout entier ; consolant quelquefois les ennemis de la raison, en paraissant ne vouloir dans la religion qu'une demi-tolérance, dans la politique qu'une demi-liberté ;

ménageant le despotisme quand ils combattaient les absurdités religieuses, et le culte quand ils s'élevaient contre la tyrannie ; attaquant ces deux fléaux dans leur principe, quand même ils paraissaient n'en vouloir qu'à des abus révoltants ou ridicules, et frappant ces arbres funestes dans leurs racines, quand ils semblaient se borner à en élaguer quelques branches égarées (...) ; mais ne se lassant jamais de réclamer l'indépendance de la raison, la liberté d'écrire, comme le droit, comme le salut du genre humain ; s'élevant avec une infatigable énergie contre tous les crimes du fanatisme et de la tyrannie ; poursuivant, dans la religion, dans l'administration, dans les mœurs, dans les lois, tout ce qui portait le caractère de l'oppression, de la dureté, de la barbarie ; ordonnant, au nom de la nature, aux rois, aux guerriers, aux magistrats, aux prêtres, de respecter le sang des hommes ; leur reprochant avec une énergique sévérité celui que leur politique ou leur indifférence prodiguait encore dans les combats ou dans les supplices ; prenant enfin pour cri de guerre : raison, tolérance, humanité.

Vers le bac

À l'écrit

SUJET

Expliquez le texte suivant. La connaissance de l'auteur n'est pas requise. Il faut et il suffit que l'explication rende compte, par la compréhension précise du texte, du problème dont il est question.

[...] Ainsi, on ne peut pas ne pas reconnaître que, si la règle morale est œuvre collective, nous la recevons beaucoup plus que nous ne la faisons. Notre attitude est beaucoup plus passive qu'active. Nous sommes agis plus que nous n'agissons. Or, cette passivité est en contradiction avec une tendance actuelle, et qui devient tous les jours plus forte, de la conscience morale. [...] La personne humaine est la chose sainte par excellence ; c'est qu'elle a droit au respect que le croyant de toutes les religions réserve à son dieu ; et c'est ce que nous exprimons nous-même, quand nous faisons de l'idée d'humanité la fin et la raison d'être de la patrie. En vertu de ce principe, toute espèce d'empiètement sur notre for intérieur nous apparaît comme immorale, puisque c'est une violence faite à notre autonomie personnelle. Tout le monde, aujourd'hui, reconnaît, au moins en théorie, que jamais, en aucun cas, une manière déterminée de penser ne doit nous être imposée obligatoirement, fût-ce au nom d'une autorité morale.

Émile DURKHEIM, *L'Éducation morale* (1902-1903)

I. Rappel méthodologique :

1. Introduction : thème, auteur et contexte ; problème soulevé ; thèse ; progression du texte (repérez les connecteurs logiques).

2. Développement : *explication* linéaire du texte qui procède en son étude ordonnée (I). *Discussion* (II) qui permet de dégager l'intérêt philosophique du texte en confrontant la thèse de l'auteur avec d'autres penseurs.

3. Conclusion : synthèse du problème et de la thèse. Clore le débat avec précision. L'ouverture n'est pas obligatoire.

Attention, la thèse peut parfois se présenter à la fin du texte, comme c'est le cas ici.

II. Piste de réflexion :

L'auteur se demande comment concilier le fait que les hommes soient « soumis » à des principes moraux qui guident leurs actions alors qu'une autonomie morale est nécessaire à leur existence ?

III. Progression :

- « Nous sommes agis plus que nous n'agissons ».
- « Or, cette passivité » à « notre autonomie personnelle ».
- Dernière phrase.

IV. Conclusion :

Le texte défend des valeurs telles que la liberté, l'autonomie et l'humanisme qui semblent être davantage l'apanage[1] de la collectivité que de l'individu.

1. L'apanage est ce qui appartient en propre à quelqu'un ; ce qui est exclusif.

Vers le bac

À l'oral

Préparation : 20 minutes

Interrogation : 20 minutes avec 10 minutes pour l'analyse philosophique du texte et 10 minutes de questions.

I. Rappel méthodologique :

1. Introduction situant le passage dans l'œuvre, présentant ensuite son thème, la thèse défendue, le problème soulevé par le texte et enfin la progression du texte, à savoir, ses différentes étapes.

2. Lecture expressive.

3. Développement qui consiste en une explication linéaire du texte, reprenant les grands moments de la pensée du philosophe. Vous devez exposer autant de parties dans votre développement que d'étapes dans le texte. N'oubliez pas de faire une petite phrase de transition entre chaque partie.

4. Conclusion qui montre ce que le texte apporte de nouveau dans le traitement du problème soulevé dans l'introduction. Puis vous devez élargir votre réflexion en soulignant l'intérêt philosophique du texte et en le rattachant à un autre penseur ou à une doctrine qui lui est attachée.

II. Texte à expliquer :

Qu'est-ce que les Lumières ? La sortie de l'homme de sa minorité dont il est lui-même responsable. Minorité, c'est-à-dire incapacité de se servir de son entendement (pouvoir de penser) sans la direction d'autrui, minorité dont il est lui-même responsable (faute) puisque la cause en réside non dans un défaut de l'entendement mais dans un manque de décision et de courage de s'en servir sans la direction d'autrui. *Sapere aude !* (Ose penser.). Aie le courage de te servir de ton propre entendement. Voilà la devise des Lumières. La paresse et la lâcheté sont les causes qui expliquent qu'un si grand nombre d'hommes, après que la nature les a affranchis depuis longtemps d'une (de toute) direction étrangère, reste cependant volontiers, leur vie durant, mineurs, et qu'il soit facile à d'autres de se poser en tuteur des premiers. Il est si aisé d'être mineur ! Si j'ai un livre qui me tient lieu d'entendement, un directeur qui me tient lieu de conscience, un médecin qui décide pour moi de mon régime, etc., je n'ai vraiment pas besoin de me donner de peine moi-même. Je n'ai pas besoin de penser pourvu que je puisse payer ; d'autres se chargeront bien de ce travail ennuyeux.

Emmanuel Kant, *Qu'est-ce que les Lumières ?* (1784)

1. **Éléments pour une introduction** : Liberté et Raison (thème). Kant défend l'idée d'une libération de l'homme afin qu'il devienne majeur, à savoir, éclairé par sa raison (thèse). Il soulève la situation paradoxale (problème) de l'homme ; doté d'un entendement mais pas audacieux. Il préfère se soumettre à autrui plutôt que d'être libre. Étapes : question et définitions : « Lumières », « minorité » et « entendement ». Maxime résumant la pensée de Kant : l'homme doit utiliser son entendement. Une justification de cette servitude volontaire par l'énoncé de deux défauts. Opposition des mots « mineurs » et « tuteurs », puis exemples concrets.

2. **Éléments pour** le développement : Il faut reprendre les différentes étapes du texte et les expliquer. Chaque explication devra faire l'objet d'une analyse structurée s'appuyant sur des arguments et des citations extraites du texte. N'oubliez surtout pas de citer systématiquement des mots et expressions du passage dans votre analyse.

3. **Éléments pour** une conclusion : Répondez aux questions soulevées par le texte de Kant. Qu'a-t-il voulu montrer ? Propose-t-il une solution au problème posé ? Quelle est-elle ? Quel est donc l'intérêt philosophique du texte ? Pour finir, vous pouvez conclure sur l'idée de liberté définie par Kant.

Bibliographie

Livres

Sur la vie et la philosophie de Kant

- Arsenij Goulyga, *Emmanuel Kant, une vie,* Aubier, 1985
- Michel Coudarcher, *Kant, pas à pas*, Ellipses, 2008

Sur le vocabulaire de Kant

- Jean-Marie Vaysse, *Dictionnaire Kant*, Ellipses, 2007

Sites internet

Sur la vie et la philosophie de Kant

- http://www.larousse.fr (Encyclopédie/Emmanuel Kant)
- http://fr.wikipedia.org (Emmanuel Kant)
- http://www.inrp.fr (L'édition électronique du *Nouveau Dictionnaire de pédagogie et d'instruction primaire*, Ferdinand Buisson, 1911)
- http://agora.qc.ca (Emmanuel Kant)
- http://classiques.uqac.ca (Josiane Boulad-Ayoub, Fiches pour l'étude de Kant, 1990)

Sur le siècle des Lumières

- http://blogs.mediapart.fr (*L'Héritage des Lumières, un legs en péril*, 2012)
- http://expositions.bnf.fr (*Les Lumières et le Temps présent*, Tzvetan Todorov)
- http://books.google.fr (Yvon Belaval et Dominique Bourel, *Le siècle des Lumières et la Bible*, Beauchesne)
- http://www.persee.fr (Jean Ferrari, *Kant, les Lumières et la Révolution française*, 1992)

Sur* Qu'est-ce que les Lumières ? *de Michel Foucault

- http://books.google.fr (Olivier Dekens, Bréal, 2004)

Sur Habermas

- http://girlfriendincoma.wordpress.com (*L'Espace public chez Habermas : idéal, dégénérescence, espoir démocratique*, 2012)
- http://la-philosophie.com (*Espace public et démocratie : la philosophie d'Habermas*, 2012)

Sur Schiller

- http://stl.recherche.univ-lille3.fr (Christian Berner, « De Kant à Schiller, Remarques sur l'accomplissement des Lumières dans les *Lettres sur l'éducation esthétique de l'homme* », 2001)

Crédits photographiques

Couverture	**Dessin Alain Boyer**
7	Ph. Coll. Archives Larbor.
17	Ph. Coll. Archives Larbor.

Photocomposition : JOUVE Saran
Impression : Rotolito S.p.A.
Dépôt légal : octobre 2013 – 311732/02
N° Projet : 11042987 - octobre 2019